2023 金华市非物质文化遗产普及读物

南北非遗线上走亲实录

對話

金华市非遗保护和信息中心　编

西泠印社出版社

金華非遺

序言

金华，古称婺州，入火为婺窑、入诗为八咏、入医为丹溪、入戏为婺剧、入木为雕刻……2200多年的婺州史留下了宝贵的非物质文化遗产，韵味悠长，沾溉后世。

北京，千年古都，薪火相传的非遗多元融合，博大精深。雅俗共赏的戏剧、丝丝入扣的“京作”手工艺、历史悠久的京味美食……每一项都积淀着岁月的痕迹。

廊坊，地处京畿，承载着燕赵遗风、京畿神韵。除了承自宫廷的璀璨技艺，更有无数与民生息息相关的民间手工艺，代代相传，登峰造极。

金华、北京、廊坊三座代表南北方不同历史脉络和风格韵味的城市，因非遗而结缘。为弘扬中华优秀传统文化，展现非遗独特魅力，加强南北非遗保护工作合作与交流，推动南北非遗保护工作协同发展，2022年7月，金华、北京、廊坊三地非遗保护中心协同国家对外文化贸易基地（北京），策划举办“婺风京韵”非遗线上走亲会——“南北对话”话非遗活动，为南北城市之间的非遗合作、为传承人之间的交流互鉴提供有效平台，推动南北非遗的传承与发展。

此次“南北对话”，主要分“南工北艺话非遗”“非遗保护话南北”“传二代圆桌派”“非遗向未来”4个主题，邀请金华市和京冀地区的非遗传承人、非遗专家、非遗志愿团队、非遗保护工作者等进行了9场线上交流对话，着眼金京冀，对南北非遗保护传承、创新发展、合作交流等进行深入探讨。其中，“南工北艺话非遗”，选取金华、京冀两项有关联且具代表性的非遗项目，分别邀请一位代表性非遗传承人做客直播间交流与分享；“非遗保护话南北”，特邀浙江省金华市、北京市东城区、河北省廊坊市的非遗保护中心主任，针对金华“婺风遗韵”、北京“燕京八绝”、廊坊“宫廷新造办”等非遗IP进行交流互鉴，探寻发展之路，促进南北文旅融合；“传二代圆桌派”，特邀5位“90后”“95后”非遗“传二代”或年轻非遗传承人代表，以圆桌论坛的形式在线交流非遗传承在当代年轻人群体中的社会担当与发展创新之路，将非遗新势力根植于传统文化的保护与探寻之路，畅谈非遗新生代对于非遗IP转化的时代思考；“非遗向未来”探讨如何将古老的非遗融入当代大众的日常生活审美中，探寻一条非遗保护与传承面向未来的思辨之路，特邀非遗IP从业者、专家学者、非遗品牌创建者等，共商非遗IP的当代思考与转化。

为期两个月的“南北对话”线上交流，三地非遗人各美其美，美美与共，探新知，开眼界，促交流，更为南北非遗合作夯实基础。

目录

對話 1

南北融通　携手共创

2022年7月18日，“婺风遗韵”系列活动之“婺风京韵”非遗线上走亲会——“南北对话话非遗”系列活动以腾讯直播会议方式拉开帷幕。

本次活动由浙江省金华市文旅发展和非遗保护中心、北京市东城区非遗保护中心、廊坊市群众艺术馆（非遗保护中心）主办，国家对外文化贸易基地（北京）、北京国际文化贸易服务中心承办，特别邀请中国工艺美术学会非

“南北对话话非遗”开话篇之“南北融通　携手共创”海报

话非遗

物质文化遗产工作委员会作为学术支持单位。活动依托京津冀、长三角非遗保护工作的落地经验，联动浙江省金华市、北京市东城区、河北省廊坊市三地，组织非遗保护工作者、传承人、产业实践者等进行南北对话，共商非遗交流机制、品牌发展、传承实践等话题，以期弘扬中华优秀传统文化，展现非物质文化遗产的独特魅力，为南北城市之间的非遗合作和传承人之间的交流互鉴提供高质量平台，推动南北非遗共融共享共创共进。

当晚7：00，线上直播第一期对话主题为“南北融通携手共创”，由国家对外文化贸易基地（北京）、北京国际文化贸易服务中心副主任李媛媛主持，邀请了金华市文旅发展和非遗保护中心主任任文俊、北京市东城区非遗保护中心主任李雪、廊坊市群众艺术馆（非遗保护中心）副馆长魏琦作为主讲嘉宾。通过嘉宾及主持人生动兼具画面感的对话，让观众了解南北三地的非遗之盛、非遗之乐、非遗之美，感知三地非遗保护工作者的非遗情怀。持续了三个多小时的活动吸引了众多非遗保护工作者、爱好者和传承人关注并参与互动，气氛祥和，反响热烈。

一、非遗品牌　三花齐放

我国非遗保护工作开展了十多年，硕果累累，当前已进入新的发展阶段，如何更好地传承和发展非遗、让非遗在新时代融入现代生活、继续焕发生机和活力已成为各地积极探索的时代新课题。多年来，金华市、北京市东城区、廊坊市三地在活化非遗资源、激发非遗生命力等领域深耕、实践，走出了独具地方特色的发展之路，尤其是三地都把目光瞄准了非遗品牌的打造和非遗IP的开发，创建了诸多既有社会效益又有经济效益且兼具丰富文化内涵的非遗品牌。

金华，古称婺州，入火为婺窑、入诗为八咏、入医为丹溪、入戏为婺剧、入木为雕刻……2200多年的婺州史留下了宝贵的非物质文化遗产，韵味悠长，沾溉后世。金华的非遗保护工作走在浙江前列，目前有国家级非遗代表性项目36项、省级非遗代表性项目116项、市级非遗代表性项目481项；有国家级非遗代表性传承人26名、省级非遗代表性传承人175名、市级非遗代表性传承人576名；

有国家级各类非遗保护载体2个、省级各类非遗保护载体69个、市级各类非遗保护载体268个。依托丰厚独特的非遗资源，金华市2013年创立“婺风遗韵”非遗品牌，以丰富多彩的活动来强化品牌的影响力和凝聚力，近年来又集中打造融“会、赛、展、戏、课”为一体的综合性品牌活动，辐射区域扩展到了金华全域及周边城市，参与人群扩展到了全市居民及周边城市居民等。且标志性的活动层出不穷，如利用钱塘江诗路文化带的区位优势连年举办三届“婺风遗韵 · 少年非遗说”大赛；借力“上海 · 金华周”文旅推介活动策划“婺风遗韵 · 风光不与四时同”非遗精品展；借助“中非文化合作（金华）交流周暨中非经贸论坛”契机创排“婺风遗韵 · 水墨金华”非遗一台戏，探索沉浸式非遗展；创新举办“婺风遗韵 · 一梦归婺州”非遗悦夜之旅，探索沉浸版“非遗+夜经济”模式；围绕茶非遗项目宣推创编省内首台以国遗项目为核心的非遗剧“婺风遗韵 · 一梦归婺州（举岩）”；等等，数千场品牌活动每每推出都能吸引几十万参与者，品牌影响力深远。

北京，千年古都，更是一座非遗之城。北京的非遗多元融合，博大精深。雅俗共赏的戏剧、丝丝入扣的“京作”手工艺、历史悠久的京味美食……每一项都积淀着岁月的痕迹。而东城区的非遗资源尤为丰富，非遗名录项目数量和代表性传承人数量在北京市首屈一指。鉴于此，东城区提出“非遗之城”建设，打造了“非遗101”非遗品牌，心手相传、《非遗智造局》、非遗慢直播等活动子品牌。因为秉持着“百分百热情，再多一分投入”的情怀，东城区非遗保护中心持续性的非遗普及活动屡屡破圈，实现了矩阵式的传播，广受赞誉。

廊坊，地处京畿，承载着燕赵遗风、京畿神韵。除了承自宫廷的璀璨技艺，更有无数与民生息息相关的民间手工艺，代代相传，登峰造极，可谓民艺之光。廊坊市国家级非遗名录项目数量位于河北省前列，经过18年的不懈努力，更是整理出了3000余条非遗项目线索。除了“宫廷新造办”等非遗项目品牌，廊坊市独具匠心地积累了一个关于人的非遗品牌——廊坊市非遗志愿者团队，通过在团队建设、非遗保护、扶贫助残、非遗进校园、非遗进社区、非遗进军营、非遗展示体验馆、非遗小传承人基地等诸多方面的建设和不断付出，取得了“一个志愿团队激活一座城非遗资源”的显著成效，良好的民间保护机制受到了多地非遗保护工作者的赞赏。

诸多实践证明，以非遗品牌为抓手，着力打造非遗IP和非遗产品，无疑是非常有效的非遗发展路径，既能够在老百姓心中留下关于非遗的记忆点，引起民众对非遗更多关注和更大兴趣，有力弘扬优秀传统文化，同时，通过品牌扩大非遗传播力度，也能够提振传承人坚守与传承非遗的信心，赋能地方经济发展，实现非遗出圈，更好构筑中国精神、中国价值、中国力量。

二、文旅融合　非遗助力

近些年来非遗保护新活力的最佳体现，莫过于非遗跟旅游的融合。当下文旅融合已经成为国家发展战略之一，从中央到地方都在积极倡导和推进文旅深度融合，使自然与文化共美，以赋能乡村振兴，释放城市发展新动能。金华、东城、廊坊三地在贯彻落实文旅融合政策的道路上不断探索，结合非遗资源形成了具有创新性的文旅融合路径。

北京市东城区致力于把非遗真正带到民众身边，2022年6月份特别推出了

“婺风遗韵·春天里”金华非遗周活动领导嘉宾合影

北京市东城区文旅品牌“故宫以东”

河北省廊坊非遗美学展“宫廷新造办”

“东城非遗云游趣图”，精选出几条东城非遗线路，结合数字地图、实景VR等技术让民众能够足不出户就认识东城非遗，感受东城非遗魅力。作为非遗传播的一种新形式和新平台，线上地图将非遗与旅游深度融合，联动线下旅游景点与非遗项目的推介，内容丰富又便捷，既有趣味性又有体验感，还能拉动旅游消费和非遗产品消费，无疑为非遗与旅游的融合打造了一个很好的样板。

金华市则依托“婺风遗韵”的品牌，将其与“夜游经济”相融合，在金华府城隍庙打造了“婺风遗韵·一梦归婺州”系列沉浸式演艺剧。通过诗画、歌舞、光影等艺术情境，结合金华非遗项目的动态展演和非遗产品售卖，将富有金华特色的代表性非遗资源、人文积淀与自然风光交融，为市民和游客呈现了梦幻唯美的非遗盛宴，引发了更多公众关注，得到了各界好评，激发了全社会的文化自信和自豪感。同时还联合国家对外文化贸易基地打造了“婺风遗韵”金华会客厅、“金华好婺”年货售卖等，实现了金华非遗“走出去”的更多可能，为金华文旅发展带来更多契机。

而廊坊市因为村镇众多，在将非遗与乡村特色旅游相结合方面做了大量工作。依托自身深厚的文化底蕴和丰富的旅游资源以及发达的立体交通体系，廊坊市积极构建全域旅游空间格局，推出了一大批特色主题旅游区和生态旅游项目，坚持文化为魂，生态为本，旅游为体，把传统文化融入具体项目中，让文化看得见、摸得着，也品得出味道。廊坊市每年都要举办非遗的展览展演、展示展销，还有乡村花会书会、乡村的旅游创客大赛、文创和旅游商品创意设计大赛等活动，以此不断丰富公共文化的服务供给，也带动了全市乡村传统文化体验和旅游、体育休闲、都市农业等产业的发展，助力了乡村振兴建设。

非遗具有丰富性、共享性、实践性等特点，能够提升旅游的参与度和吸引力，源源不断地为旅游发展提供资源和可持续发展力量。同时旅游产业也为非遗保护传承拓宽了渠道，为发现非遗之美提供了视角。因此在文旅融合的实践中充分发挥非遗力量是非常值得尝试的，这也需要地方非遗保护工作者保持对非遗和旅游的敏锐度，积极探索哪些旅游要素和工具能够赋能文化、赋能非遗，努力实现文旅共赢。

三、携手共创　未来可期

在瞬息万变的新时代，要实现非遗的可持续发展任重道远。它需要各地非遗保护工作者牢记初心，坚守使命，积极探索，勇于实践，不懈努力，全面提升专业知识储备和对非遗的认知，加强交流与合作，携手共创新局面。

金华市任文俊主任表示，非遗保护工作的未来充满希望，前进路上难免有难点和堵点，例如政策层面的顶层设计需要不断提升完善，人的思维方式和工作方式需要与时俱进，非遗如何变现，实现共富目标需要更多实践探索，等等。凡此种种，都在倒逼着我们不断求新求变，去学习更多优秀经验，学会从过去的工作中自省、复盘、总结，从而提升认知，获得新知，再付诸实践。北京东城区李雪主任也认为，政策和体制层面的问题对于基层工作者是一个难点，而非遗产业化、青年人才队伍培养等是今后需要下功夫的部分，对此她提出可以借助更多社会力量，达到多方力量共融，推动非遗产业发展，继续大胆探索非遗传承创新路径。廊坊市魏琦副馆长则是对非遗工作缺乏资金支持感到困难，她期待能有更多的高校、金融机构或者有情怀的朋友采用资源置换的方式为非遗的发展提供资金支持，也希望继续探索、解决非遗产业化道路上的困难。线上还有来自廊坊的王胜老师提出地方对非遗的认知不足，还需要加强培训；还要发挥年轻人的力量，解决非遗后继无人的痛点。

最后，三位嘉宾和线上观众都表达了强烈的合作意愿，希望能够通过“线上走亲”等形式搭建良好的沟通平台和对话机制，进行南北非遗的有效联动，持续谋划下一步的合作与发展目标，促进三地非遗保护工作的前进与发展，实现融合共赢。

此次对话标志着南北非遗线上走亲交流活动顺利开启，接下来，以“南工北艺话非遗”“非遗保护话南北”“传二代圆桌派”“非遗向未来”为主要内容的线

上对话将轮番进行，金华市和京冀地区的非遗传承人、非遗专家、非遗志愿团队、非遗保护工作者将持续每周一次的线上交流，携手共创，未来可期。

夜色中的金华府城隍庙

對話 ②

雕刻天下　传承新生

炎夏时节，“婺风遗韵”系列活动之“婺风京韵”非遗线上走亲会——“南工北艺话非遗”系列活动如火如荼地进行，2022年7月24日晚7：00，第二期“南工北艺话非遗”板块之“雕刻天下”上线。本期特邀东阳木雕国家级代表性传承人、中国工艺美术大师黄小明与中国工艺美术大师、雕漆技艺北京市级代表性传承人李志刚为主讲嘉宾。

一、大历史与小历史

两位嘉宾分别介绍了各自传承的非遗项目及其从艺经历，不同的是项目，相同的是传承路上一路曲折、一路快

“南工北艺话非遗”板块之“雕刻天下”海报

话非遗

乐、一路收获。

李志刚讲述了北京雕漆的发展历史。北京雕漆始于唐代，兴于宋元，盛于明清。唐代雕漆的实物今已不可见，但据现存的唯一漆工技术专著《髹饰录》记载证明，唐代已经有雕漆技艺。宋代是雕漆的成熟期，但宋代雕漆实物鲜见。元代是雕漆水平较高的时代，出现了两位雕漆巨匠——张成、杨茂。明清时得益于帝王嗜好，工匠荟萃及宫廷造办处的设立，使得雕漆技艺达到鼎盛，雕漆作品成为皇家用品和国礼。至清末，宫廷雕漆作品从皇宫流传到了民间，技艺却几近失传。民国时《髹饰录》重印，雕漆技艺得以复苏，直至中华人民共和国成立后形成了颇具规模的民间家庭小作坊，再到1958年正式建立了北京雕漆厂。20世纪八九十年代，雕漆厂历经改革，2000年以后又经企业改制，发展一度很艰难。直到2006年，雕漆技艺入选第一批国家级非物质文化遗产代表性项目名录，才迎来了新的发展机遇，重回民众的视野。

黄小明介绍了东阳木雕的前世今生。东阳木雕起源于商周，溯源自唐，发展于宋，鼎盛于明清。作为中国四大木雕之首，东阳木雕相较于其他木雕而言，材料受限更少，运用更广泛。唐代时已有诗句“高楼画栏耀人目，其下步廊几半里”形容当时东阳冯高楼村的冯家住宅，说明东阳木雕在古建筑中的运用。明代时，东阳逐渐发展成为木雕工艺的著名产地，主要制作罗汉、佛像和宫殿、寺庙、园林、住宅等建筑装饰以及雕版印刷木版。清代时，东阳木雕已闻名全国，在选材、工艺、题材、艺术风格等方面日趋成熟，形成了一套完整的工艺体系。根据历史记载和实物，东阳木雕手艺人在清代时大量进入宫廷造办处，留下了诸多作品，现在故宫博物院中尚存不少。到了1958年，东阳木雕厂成立，20世纪90年代中期经历改制，再到2006年东阳木雕入选第一批国家级非物质文化遗产代表性项目名录，一步步走来，起起伏伏，风雨沧桑。

从两位嘉宾的介绍中，不难发现北京雕漆与东阳木雕有着极为相似的发展历程，高潮与低谷期也几近重合。作为根植于历史与社会土壤的传统技艺，北京雕漆和东阳木雕都曾在前人的生活与艺术中占据重要地位，二者的发展大历史中均体现了博大、丰富的国家历史以及社会变迁，历史价值可见一斑。无独有偶，两位嘉宾也有着高度相似的个人从艺史。他们都出生于1965年，都是从20世纪80年代开始学习并从事所传承的非遗项目。从少年到知命，他们对各自技艺的热爱和情怀都坚守了数十年，执一业，事一生。

二、传承与教学

北京雕漆和东阳木雕发展到今天，又同样面临着新时代的机遇与困境。机遇是新时代的技术手段更便于大众对两个项目产生新的关注与认识，而困境则是后继乏人，因此，他们都在非遗项目的传承和年轻人才的培养等方面倾注了心力和精力。

李志刚作为北京市工艺美术高级技工学校雕漆专业的指导老师，从2013年该校恢复此专业起，近十年来培养了几十位雕漆技艺的年轻艺人，形成了较完整的课程体系。李志刚师从北京雕漆国家级代表性传承人、中国工艺美术大师文乾刚先生，学习了雕漆、雕塑、造型等综合技术。因此，他的教学也注重传授综合知识。针对学生群体相对年轻的特点，他在知识讲解中因势利导，多设置课外观摩和动手实践课程，让学生能一直保持对雕漆的兴趣。从工具的制作，到亲身体会材料采集的不易，再到雕漆锦纹的细致锻炼、打磨，沉静心性……李志刚突破传统师带徒或家族式的传承模式，积极拓展新型传承方式，让学生全面掌握雕漆技

雕漆技艺《剔红圆盘》

东阳木雕·乾隆宝座复制品

艺的工序技法，同时通过素描等美术课程帮助学生提高审美水平，通过举办比赛等活动增强学生的学艺积极性，鼓励学生创作作品获得成就感，还曾带着学生的雕漆作品去中国美术馆展出……因而，李志刚的教学是成功的，既培养了会手艺的年轻人，也让他们更加热爱珍视所学的技艺。

黄小明来自东阳木雕、竹编世家，其父黄树银先生是东阳竹编工艺界的知名老艺人，其师父冯文土先生是亚太地区手工艺大师、东阳木雕国家级代表性传承人，其师爷则是有着东阳“木雕宰相”之称的黄紫金大师。家学深厚的黄小明视传承非遗为自己的使命与重任，致力于培养更多年轻传承人。作为浙江师范大学的专职教授和武昌理工学院、浙江广厦建设职业技术大学的特聘教授，黄小明一方面在学校兢兢业业地教授技艺，另一方面通过举办个人或集体的东阳木雕作品展，达到宣传东阳木雕、广纳贤士传承技艺的目的。在收徒时，黄小明重视个人的品行，要求学艺要先学做人，尊师重道。而徒弟能否持之以恒也是黄小明十分看重的，他强调只有真正静下心来坚持不懈才能将东阳木雕发扬光大。在拓展收徒范围上，黄小明积极借助互联网招生模式，打破了地域，招收了全国各地慕名而来的学生。同时，为了加强学生从事木雕事业的持久性，黄小明还借助校企合作、提案地方政府设立学艺奖学金、工作室补贴等形式，为学习木雕的学生解决后顾之忧，让他们能够安心扎根东阳木雕事业。在技艺教学方面，黄小明坚持毫无保留，因材施教，鼓励学生多画画、多动手，打好基础，开阔眼界，把自己的思想融入作品中。

李志刚和黄小明的教学经验也为北京联合大学艺术学院工艺美术系主任王丹谊解决了当下的教学困惑。两位嘉宾提出，非遗传承是一项系统工程，除了传承人的努力外还需要社会各界多方配合，他们呼吁学校、政府和用人单位等多进行优惠政策、激励措施、平台打造等方面的探索与合作，支持更多的年轻人参与到非遗传承中，让北京雕漆和东阳木雕代代传承，生生不息。

三、工艺与创新

听了两位传承人的讲述，直播现场的观众受益匪浅。北京联合大学艺术学院工艺美术系教师杨慧子作为观众代表之一，根据自己的教学实践和项目调研，首先向两位嘉宾老师提问："北京雕漆和东阳木雕在新时代如何寻找市场化的切点，从而让非遗更适应现代生活，绽放新的光彩，更受欢迎？"问题直指非遗的发展与创新，也是现场许多观众非常关注的话题。

李志刚认为，传统工艺既要坚守，也要通过创新适应现代社会。他从自己在技艺和作品上的创新谈起，不论是曾经创作的庆祝澳门回归礼还是"一带一路"国礼，皆因技艺创新使得作品更富时代内涵，同时，提高效率，符合制作工期的要求。"一带一路"国礼还将金属錾刻与花丝镶嵌等工艺进行融合，李志刚也由此开启了雕漆与其他工艺美术融合的不断探索。在作品创作上，李志刚很注重用传统工艺表达现代内容，人体形象作品《漆母》就是用传统的剔红工艺传达了对大漆这种雕漆原材料的感情，也寓意大漆孕育着雕漆行业的成长与发展，更是一种现代生活情感的表达。李志刚还注意到了新科技、新材料的发展，根据当代民众的需求，对传统雕漆工艺和新科技、当代材料的融合进行了实践，由此做出了几把非常有特色的椅子——椅子主体由雕漆制作，辅助有数控机床加工的透明亚克力材料，雕漆胎体和连接部件则由3D打印完成。

黄小明也表示，东阳木雕多年来一直在技艺、题材、风格等方面不断探索改进，从文化的传承到文化的创新，展现的是一代代手艺人的坚守与精神，也彰显了一代代手艺人的突破与视野。从修复故宫文物、复制故宫乾隆宝座到自己的工作室和个木园中东阳木雕的运用，再到2016"G20杭州峰会"主会场、2018"上合青岛峰会"主会场木雕创作等，黄小明都坚持"创新永远，创意无限"，创作的每件木雕作品，既具有东阳木雕的传统印痕，又张扬独立思考的强烈个性。他既善于在日常生活中汲取创作养分，又热衷行万里路找寻灵感，例如《遨游》就是黄小明从马尔代夫回来后产生了创作灵感而精心雕刻出的一件表现海底世界的作品；《石窟印象》则是他在石窟游览中得到的创意，用各种材料综合展现了沙漠的质感和石窟佛像，这件作品在展览中获得了一等奖。他强调，作品的内涵是支撑作品走得更长远的根本，因此要保持学习、多看多感受，才能让作品更有说服力。

除了自己在创作上保持创新的实践，两位嘉宾老师也特别赞同和鼓励社会各界结合非遗进行创新和跨界。观众代表杨慧子参与推动的北京雕漆创新人才培训，让设计师和工艺美术专业学生结合雕漆工艺进行首饰、装饰、器物等方面的跨界创作，产出了许多优秀的作品，像竹编包与雕漆的结合、瓷器与雕漆的结合等多种方式都得到了两位嘉宾老师的认可。黄小明也呼吁年轻设计师多多加入传统文化发展的队伍中，让传统工艺更具时代感、更符合“80后”“90后”的审美和消费观念，也促进传统与现代融合更紧密。同时，黄小明也在探索东阳木雕与文化产业、旅游产业的结合，例如在横店影视城用木雕进行影视场景的布置，还利用明星效应拉动大众对木雕行业的关注及相关地点的游览和产品销售。

本期直播的最后，河北雕漆技艺省级代表性传承人朱江提出，非常希望李志刚、黄小明等传承人和高校师生、设计师、非遗传播团队等多方力量能形成合力，共同搭建非遗跨界创新交流合作平台。与会者纷纷表达对此平台的需求和渴望，主持人李媛媛就此提出：除了现在的线上交流形式，未来还将拓展线下形式，联合更多的城市及传承人、艺术家等，共同探索产出具有丰富内涵的非遗跨界产品和艺术品。

對話 3

编结人生　精彩跨界

2022年7月29日晚7：00，“婺风遗韵”系列活动之“婺风京韵”非遗线上走亲会——“南工北艺话非遗”板块直播活动持续发力。本期主题为“编结人生”，特邀东阳竹编浙江省级代表性传承人、中国传统工艺大师何红兵，固安柳编河北省级代表性传承人张万富，东阳竹编金华市级代表性传承人、浙江省工艺美术大师蔡红光担任主讲嘉宾。直播一上线就吸引了近百位观众，全程聆听三个多小时。

一、自然融生活

本期线上直播聚焦浙江东阳竹编和河北固安柳编两个

“南工北艺话非遗”板块之“编结人生”海报

国家级非物质文化遗产代表性项目，作为传统美术类项目，二者都取材于大自然中常见的植物，自古以来便与民众的生活息息相关，并在一代又一代的传承中延续着充满乡愁的地方文化传统和情感。

据何红兵介绍，东阳竹编历史非常悠久，唐代早期已在人们的日常生活中广泛应用。南宋时期，东阳竹编达到较高的工艺水平，并与民俗节日联系到一起。而从康熙《东阳县志》的记载“筀竹质软可作细篾器，旧以充贡”中可以发现，当时东阳竹编已经被列为朝廷贡品。晚清、民国时东阳竹编进入全盛时期，1915年在巴拿马万国博览会上荣获金奖；1929年在西湖国际博览会上，东阳竹编被认为工艺“无与伦比”。中华人民共和国成立后，东阳竹编进入新的发展阶段，何红兵的父亲何福礼（目前唯一一位东阳竹编国家级代表性传承人）主持编制《九龙壁》，获得了竹编行业的最高殊荣——金杯(珍品)奖，被列为国家级珍品。东阳竹编能取得如此辉煌的成就，蔡红光认为这得益于东阳竹编极其精细的工艺。东阳竹编讲究细如发丝，这是不同于其他地方竹编的特色之一。此外东阳竹编以本色系为主，色彩比较淡雅，有立体编、平面编等多种技法，作品题材涵盖了人物、动物、器物、书画等，可谓包罗万象。

张万富也介绍了固安柳编的基本情况。固安柳编产生于具有3000年建城史的河北固安县，相传起源于宋代。人杰地灵的固安有颇多手艺人，尤以柳编手艺人为众，鼎盛时期达到4万人。明代《固安县志》就有多处对于柳编的记载，也描述了当时政府鼓励广大农民种植杞柳的情形。地处华北平原北部的固安在数百年里都是杞柳遍野，良好的生态环境和政府的支持使得杞柳的种植规模不断扩大，给柳编工艺提供了源源不断的原料，促进了固安柳编的发展。固安柳编的产品囊括了各种生产生活用品，其技法多样，以朴雅大方为主要风格，在长期的发展过程中慢慢地由农用品、生活用品发展到工艺品、艺术品、柳编雕塑等多种类型。

总而言之，无论是东阳竹编还是固安柳编，环保属性都特别鲜明，产出作品主要服务于民众生活，堪称“见人见物见生活”的最佳注脚和体现。

二、万物皆可编

但凡颇有建树的非遗传承人往往有一个共性，那就是始终坚守初心、精进技艺、探索创新，这也是这些传统手艺人最难能可贵的品格、最可爱可敬之处。

何红兵和蔡红光跟随何福礼先生学习、从事竹编技艺30多年，而何福礼先生与竹编的缘分已长达60年。他们师徒都秉持着同样的初心——把竹编传承下去，所以数十年如一日地奋战在竹编传承一线上。在作品创作上，他们都根据所处时代的社会需求和审美品位，追求技艺的精益求精与内涵的延伸丰富。何红兵说，自己的父辈在传承时更多的是深耕于传统农具、实用器具等领域，后面才慢慢发展到以出口创汇为主要目的的工艺品。而何红兵与蔡红光一代，因为竹编使用人群在不断年轻化，所以他们更专注于创新与发展，例如把东阳竹编与东阳木雕有机结合，把竹编融入现代社会的家庭装饰中，竹编的装饰性和艺术性越来越多于原来的实用性。例如何红兵的作品《事事如意》《迎客松》等都是竹编与木雕融合的典范，技艺高超，寓意深刻，非常适于收藏、送礼、摆设等。何红兵提到，故宫中的清代工艺品有许多都是各种工艺的融合，如竹编与景泰蓝、玉器、瓷器等结合，前人已有成功实践，作为后人的他更要努力把竹木工艺结合做到极致。蔡红光则是致力于将竹编与现代器型、物型结合，例如竹编收纳包、竹编提篮收

何福礼《九龙壁》

纳箱、竹编茶棚等等，材料上选择上好的天然梅鹿竹，技法上则是坚持精进技术，选择编制要求高、制作周期长、制作成本高的双面编织。正是几代人的坚守换来了东阳竹编的繁荣与兴盛。

张万富在柳编技艺的传承实践中获得启迪，一直秉持着一个有趣的理念——“万物皆可编”。于是，除了柳编常见的形态，他更是将柳编扩展到了建筑、雕塑等多个领域。从雕塑家吴为山“大写意”的风格中获得的灵感让他开始不断尝试大型柳编作品的创作，《齐鲁之门》《花田礼堂》等作品令人惊叹，尤其是《花田礼堂》，高10.05米、宽7米、长11米，用了280万根柳条，堪称“神工”。为了完成这件作品，从设计到施工，张万富几乎累脱了一层皮。因为这么大的作品置于户外，既要考虑美观性，也要考虑安全性和抗风阻性，还要考虑用柳条是否能够编成，张万富不畏艰难，反复试验，终于成功。

的确，没有做不到，只有想不到，只要敢想敢试，万物皆可编，南工北艺的融合或许就是未来手工艺的一个发展方向。坚守并不代表一味守旧，坚守初心并不断突破边界，积极探索新材料、新工艺、新技法、新内容，才能让编织业有更广阔的发展空间和更有效的传承。

蔡红光《水纹包》

三、跨界赢未来

本期直播现场气氛热烈，嘉宾与观众都对非遗跨界充满兴趣和期待。何红兵与蔡红光多年来致力于东阳竹编与时尚产业、设计、当代艺术、综艺、旅游等领域的跨界，而张万富也是抖音上的“非遗潮面孔”，他们在非遗跨界方面都很有发言权。

何红兵说自己这几年的竹编跨界理念得益于跟众多国内外设计师、美院教师的交流与探讨，讲究从材料到构思到色彩都要符合当代审美需求。他把东阳竹编当成一个系统工程来做，学习从各个角度去多元看待，积极创新或制作竹编艺术装置。例如他与荷兰设计师共同制作的大竹灯装置，可大可小，能拆分为一盏盏小灯，也能组合成一个大灯；还有参与南通野生动物园为大熊猫庆生的活动，为大熊猫制作竹子蛋糕……这些都是何红兵竹编跨界的成功案例。

蔡红光一直想让竹编走进现代生活，作为女性非遗传承人，她把视角瞄准了现代社会中的女性群体，于是，她开始设计各种包。起初偏向传统审美，后来随着工作室年轻力量的加入，他们设计的包越来越年轻，越来越时尚，比如融合了腰鼓造型的竹编腰鼓包、轻便美观的圆饼包都深受年轻人的喜爱，让很多过去追求奢侈品牌的年轻人为拥有这样别具一格的包而骄傲。同时，蔡红光还根据现代人的旅游需求，设计开发竹编旅游产品，为游客提供既有实用性又有高附加值的竹编产品，她的店由此也成了一个网红打卡店。

张万富是一位抖音上的非遗达人，拥有许多年轻粉丝。他善于表达，努力把固安柳编向外传播，也致力于通过自身影响力带动固安手艺人团结一致共同发展，以非遗振兴乡村经济。这种传播方式上的跨界为固安柳编带来了很多机会，例如与中国传媒大学保持长期合作，在固安组建了非遗研发基地，依托永定河文化带构建万亩柳园等，逐渐让固安非遗形成有集群效应的产业，也推动了乡村致富，使得文化赋能乡村在跨界中得到了很好的实现。

面对北京联合大学艺术学院工艺美术系主任王丹谊提出的“高校学生如何在市场化和现代化的冲击中进行非遗学习和创作”这一问题，三位嘉宾老师一致认为一定要坚守传统和本心，传统文化千万不能丢，这也是文化自信的基础。而要跨界和创新首先要打好基础，了解最基本的工艺，例如先把竹编、柳编历史上传下来的上千种技法吃透，然后进行创新和设计。此外要明白，竹与柳都是非常环保的材料，其生长迅速的特点是竹编、柳编发展的基础优势，也符合绿色发展的生态环保理念，因此要努力把这些技艺传承下去，让这些技艺与现代生活连接得更紧密。同时，要注意让专业的人干专业的事，传承人做好传承，跨界和推广则可以借助其他各方力量。

直播观众中还有一位重量级嘉宾——中国科学院自然科学史研究所研究员李劲松。他总结道，传统技艺的特征是个人化和个性化，因为其与社会生产生活持续同行，就会不断地被我们所在的社区或者族群所持续关注和认同。因此对传统技艺的生存状态应更积极乐观，“非遗人”一直在路上，比肩同行。在李劲松先生看来，“非遗人”包含三类人：一是掌握手工技艺的匠人，技艺的传承者；二是学人，帮助配合挖掘技艺的学理及价值；三是非遗的管理者和推广者，使非遗的受众面和认知人群更加广泛。三类人只要形成合力，齐心协力，就能推动非遗的发展。比如通过非遗进校园，在高校形成建制化的非遗学科和正规教育；非遗项目互联，汇集更多门类的手艺人形成复合性的项目等方式，就有望打破堡垒，提升非遗竞争力。正如廊坊非遗志愿者王晟所说，只要将非遗与时代结合，开发出具有时代性的产品，就一定有市场，非遗的未来充满希望！

张万富《花田礼堂》

對話 4

千锤百炼　重焕生机

杨柳荫深，盛夏蝉鸣，2022年8月5日晚7：00，“南工北艺话非遗”线上走亲会第四期如期而至，这次主题为“千锤百炼”，邀请了锡雕国家级代表性传承人、浙江省工艺美术大师盛一原，景泰蓝制作技艺国家级代表性传承人、中国工艺美术大师钟连盛，一南一北，相聚“云端”，共话非遗。

一、历史

景泰蓝：源于西方，盛于东方

北京景泰蓝技艺又名“铜胎掐丝珐琅”，是“燕京八绝”之一。因成熟于明景泰年间，故名“景泰蓝”。其技艺是用铜作胎，将细铜丝轧扁后以手工制成各种图案，掐、焊、贴在胎体上，再施珐琅釉料，经过烧制、磨光、镀金等多道工序，最后制作出成品。

“南工北艺话非遗”板块之“千锤百炼”海报

话非遗

景泰蓝制品造型典雅，纹样繁缛，色彩富丽，具有宫廷艺术的特点，给人以“圆润结实、金光灿烂”的艺术感受，具有很高的艺术价值，曾多次参加国内外重要展览，为祖国赢得荣誉，还经常被作为国礼馈赠外宾。

1978年，钟连盛考进北京珐琅厂技校，学习国画、素描、速写、图案设计，这段经历为他日后的发展打下了坚实的基础。从技校毕业后，钟连盛被分配到珐琅厂掐丝车间的青年班工作。

钟连盛主张在继承传统的基础上探索创新，在开发创作中提倡简约、抽象、现代，作品多次荣获国家级和市级金奖。2002年，钟连盛任北京珐琅厂总工艺美术师，他带领同事们在传统技艺的基础上不断开拓创新，让景泰蓝进入人们的生活，应用到室内外的建筑装饰和公共装饰中，走出了一条古老工艺的重生之路。

据他介绍，景泰蓝技艺是外传珐琅技艺和本土金属珐琅工艺相结合的产物。珐琅发源于古希腊小岛，4到6世纪盛行于欧洲，13世纪左右传到中国。白云苍狗，时代更迭。珐琅技艺在国外失传，进入中国后与青铜工艺融合，继承传统绘画和金属錾刻工艺，与多种传统技艺合流，最终形成了中国景泰蓝，在中国发扬光大，甚至作为国礼，走出国门，走向世界。

景泰蓝使用的金属原料贵重，工艺繁杂，人工成本高昂，只有皇家有财力负担；景泰蓝以金银铜为胎，用到各处，皆立时金碧辉煌，非常符合皇家审美，这两点也决定了景泰蓝长期处于皇宫内苑之中，民间鲜有流传。

明清两代，御用监和造办处均在北京设有专为皇家服务的珐琅作坊，专门制造景泰蓝，技艺从成熟走向辉煌。近代以来，社会动荡不安，北京景泰蓝一度衰微。

钟连盛《洪福齐天葫芦瓶》

锡雕：从民间来，到民间去

锡雕也称“锡艺”“锡器”，和景泰蓝一样，历史悠久，源远流长。河南殷墟出土的锡块、镀锡虎面铜盔、锡戈及云南楚雄万家坝春秋中期墓葬出土的含锡量高达99.15%的锡器都表明，早在商周时期，中国的制锡工艺就已相当成熟。

与景泰蓝长期专用于皇家不同，锡雕非常亲民。因为锡无毒、不锈、防潮、耐酸碱，又因其质地软、熔点低，易于加工，锡雕工艺品广泛流行于中国民间。“盛水水清甜，盛酒酒香醇，储茶味不变，插花花长久。”说的就是锡制品特点。

宋代以来，锡器十分普遍，锡茶叶罐、锡“汤婆子”等一批日用器具在民间广为流行，锡作也因此而成为一个热门行当。传统锡作以制造日常生活用品为主，也生产部分祭祀供器。

景泰蓝是珐琅与中国多种工艺融合而成，传统锡雕工艺则自成体系，主要包括熔化、铸片、造型、剪料、刮光、焊接、擦亮、装饰、雕刻等工序，生产时按实用功能构造器物形制。成品锡器造型丰富，装饰精巧，工艺精湛，充分体现出设计制作者的匠心。

永康素有“百工之乡”之称，盛一原是永康锡雕的领军人物，从16岁开始跟着舅舅学打锡，至今已40余年。盛一原在锡雕与瓷器、景泰蓝结合上，创造了行业认可的先进操作办法，创办“锡雕技术难题110”，解决了行业内诸多难题，产品获得了诸多大奖，拥有十几项发明专利，他的简介也被编入《中国当代发明家大辞典》。

永康锡艺历史悠久，世代相传。直到民国时期，锡器制作仍是当地一种重要的手工艺行当，从业者逾千，产品种类过百。永康锡艺制品种类多样，大部分为酒壶、汤罐、粉盒、果盒等生活用品，还有婚嫁时使用的成套妆奁，也有拟形香炉、烛台、八仙、仪仗兵器、道具等祭祀供器或佛事法器，以及各种祥瑞题材的锡制盆景。成品做工精细，质地光亮，带有明显的地域风格，实用性和观赏性都很强。

二、大师眼中的“千锤百炼”

经过两位大师的介绍，大家对景泰蓝和锡雕有了初步了解。在传承技艺的过程中，两位大师对于“千锤百炼”这四个字都有各自深刻的感悟，并就此做了分享。

钟连盛：工匠精神与协作传统

钟连盛大师认为，从字面上来说，“千锤百炼”是一个工艺过程。但从现代处世的意义上来说，千锤百炼更是敬业精神，在技艺上不断推敲，与工匠精神是一致的。从事传统手工艺就需要秉承精益求精、追求完美的敬业精神。他认为景泰蓝制作不仅需要敬业精神，更需要协作，景泰蓝从第一道工序到最后的成品需多次入火烧制，需要众多不同工艺协作。有人曾问过他，景泰蓝大作品需要协作，小物件能不能一个人完成？钟连盛大师回答，绝对不可能。景泰蓝工艺工序繁杂，每道工序都是一个专业技艺，一个人一辈子学一种技艺，最后能达到人社部鉴定的高级技师，就很不容易，因而，景泰蓝就是工匠精神的完美诠释。和“千锤百炼”主题一样，它不是一个简单的工艺、一个过程、一个动作，而是需要集体配合，每一个技师在每一个环节都要全心付出，才可能出精品，任何环节出一点小问题都会导致次品或废品。因此，钟连盛大师认为，“千锤百炼”不仅是工匠精神，更包含了从业人员集体协作致力完美的敬畏心。这种敬畏心，也促使中国传统工艺门类之间相互学习、借鉴，共同发展。

盛一原：“锡傲娇”与“锡刚强”

盛一原介绍，锡有点“傲娇”。锡怕热也怕冷，柔软性高，可塑性强。常温下的白锡，富有延展性，呈金属性；当温度低于13.2℃，锡表面开始出现灰点；当温度低于零下31℃，它会慢慢变为沙粒状，很软，用手一刮一拉就变形了。

盛一原说，有个小故事说拿破仑攻打俄国时，他们军队的军服纽扣就是用锡做的，经过长途跋涉，到俄国之后，温度降至零下几十度，士兵们穿上厚重的军服，一看，没有纽扣了，原来锡纽扣都变成了一堆沙子。在那种狂风暴雪的极寒天气里，因军服没了纽扣，敞开衣襟，士兵们只能受冻，六十万大军损折过半。如果在锡里面加入一点微量元素，它就能既不怕冷又不怕热。盛一原曾按英国某科学家的研究结果配比锡制品，锡含量占比97%。铜2%、其他1%，做出来的产品，即使在严寒的北方也毫发无损。为什么呢？他解释道，在锡里面加铜就能增加锡的硬度。中国五千年前的青铜器就是铜跟锡的合金。铜和锡含量达到一定的比例，其硬度就超过了钢铁，比如越王勾践的青铜剑，历经数千年，依旧锋利无比，就是这个道理。而对于纯锡，只有经过千锤百炼，它才会坚硬，正和人一样，经过千锤百炼才能刚强。

盛一原回忆年少时学做锡手艺，肩挑扁担走四方，挨家挨户讨生活。他从学徒开始，千万次千万遍走一条路；锡也是经过千锤百炼，才能打出一件好作品。

三、重焕生机

无论景泰蓝还是锡雕，都曾经辉煌，也都遭遇过困境——“中国非物质文化遗产网”介绍景泰蓝时写道：“正宗的景泰蓝制作工厂或破产或濒危，技艺高超的景泰蓝制作大师和传人寥寥无几，再不加以抢救保护，这一优秀技艺行将衰败甚至失传。”锡雕亦如此，到了现代，大众对锡雕的了解很少，锡雕工艺品远不如从前普及，如何在新时代重获新生，是亟待解决的问题。面对困境，景泰蓝和锡雕各辟蹊径。

景泰蓝：国礼缔造者与景观创造者

钟连盛大师先给大家讲了“林徽因、梁思成与景泰蓝”的故事。1951年，梁思成和林徽因周末经常转古玩市场。一次，他们发现一个小小的景泰蓝瓶。摊主看他们感兴趣，告知这是正宗的景泰蓝，热闹了几百年，到现在快要绝了。梁思成和林徽因当时就把这瓶子买了回去。后经再三商议、考察，决定在清华大学营建系（建筑系前身）成立“工艺美术抢救小组”。小组共七人，两个年轻的老师高庄、莫宗江，还有三个小姑娘，其中之一就是后来的新中国景泰蓝大师钱美华，那年她23岁。1952年，新中国成立后承办的第一个国际会议是太平洋区域和平会议，设计会议礼品的任务就交给了工艺美术抢救小组，最终创作出景泰蓝、丝巾作国礼，郭沫若先生称之为“我们新中国第一份国礼”。1955年林徽因身患重病在医院，去世前还嘱托钱美华：“景泰蓝是国宝，不能在新中国失传。”这句话也确立了钱美华一生的志向。之后，钱美华遵循恩师遗嘱，一生投身于景泰蓝，创作了众多精品。

1956年，景泰蓝生产创作的一线公司和42家私营小作坊公私合营，成立北京珐琅厂。1958年,郭沫若先生专门为厂名题字。钱美华是该厂第一代总工，她带领几代“珐琅人”不断传承，完成了林徽因先生遗愿，让景泰蓝在新中国传承了下来。钟连盛大师动容地说：“这段历史感人至深，至今仍激励着‘珐琅人’不断开拓创新。”

景泰蓝在20世纪60年代为出口创汇、为国家早期经济建设换取可贵的外汇、为购买先进机器设备购买先进技术，做了很大的贡献，也在世界上弘扬传播了中国文化，那会儿说“土特异”产品，就包括景泰蓝。

钟连盛还详细介绍了钱美华大师的作品。钱美华大师将中国传统文化中的吉祥纹样融入作品中，比如葫芦与福寿、蝙蝠、缠枝莲等等，均在她的作品中可见。

其中，景泰蓝《和平尊》是钱美华大师设计创作的一件精品，是她的收官之作，也是2009年新中国60华诞的献礼之作。作品高2.09米，通体景泰蓝装饰，时值牛年，底部三尊铜牛以颐和园昆明湖东堤岸边的铜牛为原型而作，6只和平鸽象征60年，最上方平口是60颗红色玛瑙，还有花丝镶嵌的孔雀、牡丹花、绶带鸟，用料有木变石、绿松石、青金石等等，该作品表现了中华人民共和国成立60年的辉煌成就，获得2009北京公务秘书展的金奖。

进入2000年之后，景泰蓝不断创新，在市场经济大潮中，借助开发创作设计技艺几十年的积累，发挥优势，开发创新作品，连接现代生活。

钟连盛接着介绍，他在珐琅厂是第三代人，作为新一代的珐琅人，对现代艺术、时代创新更多一些探索和实践。比如他的北京风情系列作品中有北京的门楼、四合院门楼，这就是创新探索出的景泰蓝新应用场景，将景泰蓝装饰应用于室内外的公共景观中。景泰蓝经久耐用，大气华丽，APEC会议、首都机场专机楼、环球影城等等多个重大项目都使用了景泰蓝装饰。

景泰蓝工艺在2014年APEC会议上进行了最大规模应用，一共18组红斗拱，每一个斗拱2米长、2米宽、2米高。它不承重，纯属装饰。每一组由29个不同形状的景泰蓝零件组装起来，里边是钢架结构，大气辉煌。这个设计源自清华大学美术学院的马希老师。马老师认为，把传统工艺用到室内的建筑装饰不能喧宾夺主，在整体颜色、图案装饰的把握上，景泰蓝跟红木的颜色非常协调。

以前再高档的室内装饰，也不过是木材、石材雕刻，但当景泰蓝与室内装饰结合更显精致、华丽。一般室内都是暖光射灯，景泰蓝跟这种色调特别协调，所以之后做了很多大的景观装饰工程。

锡雕：融合万物

景泰蓝开始深耕室内外景观领域时，锡雕则踏上了与各领域融合之路。盛一原大师笑称锡能与万物结合。回望锡雕历史，早期因其有良好的保鲜作用而融入百姓日常生活，有很多锡制的日用器具。今天因食品多种多样，锡包装也随之多样化，锡制品继续在食品行业大放异彩。而且锡雕生命力旺盛，能和多种现代工艺结合，比如雕刻工艺、仿古工艺、浮雕工艺、磨砂工艺等等。盛一原还将锡与景德镇陶瓷结合，生产锡制品；与木头结合制作的茶叶罐，天然又保鲜；与竹子结合制作的杯子既防烫又美观；与玉、银、不

盛一原《孔雀开屏》

锈钢等材料结合制作产品。

还有一件令盛一原大师感到特别自豪的事，那就是随着锡雕普及，当地有一种风俗逐渐恢复。原来永康地区女儿出嫁有陪嫁锡制妆奁的习俗，即使是最穷的人家嫁女儿也会打一套陪嫁。但因历史原因，中间断层了，直到盛一原做了锡雕婚嫁五件套系列产品，这项古老的风俗又恢复了。还有人家甚至要求锡雕师傅去家里现场打制陪嫁物品，寓意着父母对子女美好的祝愿，希望子女婚后生活“幸福”“惜福”。

在线聆听直播的高校教师代表、北京联合大学艺术学院的王丹谊老师一直从事非遗教学工作，艺术学院（北京非物质文化遗产学院）培养了不少工艺美术行业人才。王丹谊老师在教学中发现有许多问题还需要探索解决，比如年轻人在学习和设计景泰蓝时，在创作原则、方法上，和传统上的有什么差异？年轻人应该继承哪些部分，哪些可以大胆地突破？年轻人在进行创新的过程当中会出现什么问题？

盛一原大师认为，创新是一个永恒话题，每个年代都有其时代特色。现代的年轻人十分幸运，学习资料非常丰富，直接打印出来即可，而前辈大师教学更注重传统，更多去陶瓷馆、博物馆临摹。现在的创新离不开传统，必须在继承传统的基础上创新，且不能简单地追求创新，还须结合工艺与材料的特点去创新，如此才能行稳致远。

盛一原大师认为老祖宗的手艺不能放，要一代一代把它传下去，这是传承人需要坚守的；再者，传统工艺需要与现代工艺结合，大众产品可以考虑纯机械化生产。随后，他谈了自己在授徒传承时遇到的困难和问题。12年来，他每年都去学校教学，每年带20个学生，但真正留下来的不多，而他在工厂里带学徒相对顺利，因为学好手艺起码要15年，一般学生的经济压力、思想压力都很大，传承效果不尽如人意。有个徒弟跟他学了两年后，有一天说不想做了，想学机床，想到现代车间去，不要在手工车间学手艺。因为做学徒每月收入很少，他家经济条件不好，父母身体不好，需要他照顾，他毕业了作品也卖不出去，若到现代车间，几个星期就能操作机器出产品了，品质不低，工资还高。于是，盛一原推荐他先去学机床，学完了，条件允许了，再回来继续学传统手艺。后来，盛一原大师在收徒时，就专门招感兴趣、有条件学的，同时，改进了授徒方式，先去学校做讲座，一个学校几千人，总会有几个感兴趣的，然后缩短周期，既在学校授课，也在工厂培训，传承效果显著提升。他说，这就好比有些器具，人们用了几个月就丢了，但有些却能流传千年，看各人偏好，自己选择。

盛一原还分享了一个成功经验，就是从小培养兴趣，培养工匠精神。传播非遗从娃娃抓起。盛一原的锡雕博物馆每年都会举办夏令营活动，当问到小朋友们长大想做什么时，绝大部分小朋友都回答我要当明星、我要当科学家……有个小朋友说要开飞机，盛一原就引导他，你知道吗，飞机也是工匠制作的，你今天当个小工匠，将来可能会开飞机，甚至还会造飞机。后来这个小朋友就在作文本上写道“长大要当一名小工匠”。由此，非遗志愿者王晟老师也提出了一个非常重要的问题：非遗进了校园，学生们学习了非遗，但毕业了极少人进非遗企业，该怎么办？盛一原大师分享了他在非遗教育现代化中产学结合的经验。近年来，盛一原大师在浙江工业大学永康分院兼职任教，学校特设锡雕班。为了达到边教学边现场制作、边学理论边实践操作的目的，盛一原大师专门编了一套教锡雕教材，给学生规划好每月学习任务，循序渐进，目标明确，同时每月有考核，通过考核的学生作品就能销售。学生们刚开始可以从低价市场切入，有成就感，有动力，有保障，就能安心深入学习了。从锡雕班的教学实践看，盛一原发现，现在的学生天资聪颖，学习能力强，且具备计算机思维、互联网思维，所以，在学校只要他们学好核心技艺就好。

四、小结：传统是一条大河

临近“对话”尾声，大家意犹未尽，主持人李媛媛作了小结：三千多年前，古希腊人发明珐琅技艺时，不会想到珐琅会失传，更不会想到珐琅会兴盛于遥远的东方。中国工艺也并未排斥原是舶来品的珐琅，反而琢磨吸收，与中国传统工艺结合，形成具有中国特色的景泰蓝。中华先民使用锡来做日常器皿、锻造青铜时，也不会想到他们的后代能将“锡傲娇”“融合万物”。传统是一条大河，九曲弯转，中间有新支流汇入，也有支流分出。河水时清时浊，技艺有荣辱兴衰。景泰蓝与锡雕在大河里一路奔腾起伏，在一代又一代传承中，推陈出新，在以钟连盛大师、盛一原大师为代表的非遗人的不懈努力下，终于在新时代的海洋里“海阔凭鱼跃”，再次焕发勃勃生机。

對話 5

守正出新　艺绽芳华

2022年8月12日晚7：00，雨后夏夜，微风习习，一群非遗“铁粉”在线静候，“婺风遗韵”系列活动之“婺风京韵”非遗线上走亲会——“南工北艺话非遗”系列活动如约而至。今晚已是第五期，主题为“艺绽芳华”，特邀浙江金华的婺州窑陶瓷烧制技艺国家级非遗代表性传承人、中国工艺美术大师陈新华，婺州窑陶瓷烧制技艺浙江省级代表性传承人、浙江省工艺美术大师尹根有，北京市工艺美术大师、金漆镶嵌髹饰技艺东城区级代表性传承人侯雪，以及金漆镶嵌髹饰技艺河北省级代表性传承人、河北省民间工艺美术大师穆祥勇，南北四位大咖担任对话嘉宾。现场氛围轻松，全程讨论热烈，给现场观众奉献了一场非遗盛宴。

“南工北艺话非遗”板块之“艺绽芳华”海报

一、历史与困境

婺州窑陶瓷烧制技艺与金漆镶嵌髹饰技艺都代表着传统工艺的高峰，但它们背后却都有着相似的困境。

婺州窑陶瓷烧制技艺国家级代表性传承人陈新华一开始就提到，普通人的认知中，陶瓷有汝、官、哥、定、钧五大名窑，若问还知道什么名窑，可能很多人都不知道婺州窑也是中国历史名窑，是中国陶瓷年代最久、历史最长、窑址最多、品种最丰富的一类，是祖先留给我们后人最丰富的陶瓷文化遗产之一。

无独有偶，金漆镶嵌髹饰技艺传承人侯雪也发现类似现象。在北京，同样作为“燕京八绝”之一，一说到景泰蓝，大家都知道，可一说到金漆镶嵌，即使是“四九城”中皇城根儿下的老北京，虽然常见皇家用品上抹着漆、镶着金、贴着玉，若问这是什么工艺，大家还是一脸茫然。

是因为它们的历史不够久远，还是它们的名声不够响亮？或是太过阳春白雪？要解决问题，就要先了解问题。嘉宾们先就历史问题开始了对话。

陈新华为大家讲解了婺州窑两千余年的发展史。婺州窑是越窑系，商周为萌芽时期，东汉烧出了真正的瓷器，到六朝时期，北方混战，民不聊生，江浙地区社会稳定，手工业发达，故婺州窑快速发展。至唐宋最为鼎盛，彼时茶圣陆羽在《茶经》中言：“碗，越州上，鼎州次，婺州次，岳州次……”婺州窑名列全国第三。婺州窑积淀深厚，品种丰富，陈新华用八个字来形容婺州窑：“陶的浑厚，瓷的温润。”虽在唐代以前的瓷业中，婺州窑仅次于越窑，但到了元末明初，却慢慢衰落。

陈新华《婺窑灰釉刻宝相花天球瓶》

再看金漆镶嵌。据“中国非物质文化遗产网”介绍：“金漆镶嵌是中国传统漆器工艺的重要门类，已有七千余年的历史。北京是我国历史上重要的漆器产区，官府手工艺作坊如元代油漆局、明代雕漆工场果园厂及清宫内务府造办处的兴起，为北京漆器的发展奠定了基础。现在北京金漆镶嵌从工艺技法到艺术风格等许多方面都直接继承和发展了明清宫廷的漆器制造艺术。”

侯雪饱含深情地介绍了金漆镶嵌的历史。金漆镶嵌传至现代，侯雪的师爷柏德元老先生两年没有工资收入，咬牙坚持，带领大家埋头苦干，把濒临倒闭的金漆镶嵌厂撑了起来，直到今天取得诸多荣誉和业绩。老先生十几岁做学徒，从一线车间工人做到企业领军人，执一事终一生，直至七十多岁高龄病逝在工作岗位上，完美诠释了工匠精神。在金漆镶嵌申报非遗项目时，从事金漆镶嵌的匠人只剩下160人。这一古老技艺面临断档失传危机，亟待保护传承。

二、挑战与创新

婺州窑陶瓷烧制技艺与金漆镶嵌髹饰技艺发展至今，都面临着后继乏人的困境，又都面对着如何与时俱进的问题，四位嘉宾皆以创新为应对策略，而创新方向则各有侧重。

婺州窑：正复为奇与锐意创新

陈新华在1973年高中毕业后，就被分配到了金华古方陶瓷厂当学徒，其间

柏德元《香山勤政殿宝座》

先后拜经作能、徐朝兴、关宝琮、林乾良大师学艺，1974年入浙江美术学院雕塑系进修，1977年考入浙江美术学院工艺美术系学习陶瓷美术设计。经过数十年如一日的探索，他设计创作的当代婺州窑作品，造型章法有度、线条挺拔、釉色脂润、稳健柔美、古朴雅致，获得了业界内外一致认可。2004年，他创建了金华婺州窑陶瓷研究所，致力于收集整理、研究传承、创新发展婺州窑陶瓷文化事业。

陈新华功力深厚，做了很多古法复原的重要工作，艺术风格既秉承传统又张扬有个性。他以婺州窑代表作品《双龙耳尊》为例做了详细介绍：双龙耳尊使用草木灰釉，这种釉在两千七百年前就被使用了，给人古朴古雅的美感，草木灰釉也成了婺州窑的“当家釉”。此后，对草木灰釉进行了哑光处理，使烧制出来的作品更古朴，更耐看。同时，又巧借传统技法加以创新，在作品底部使用了“跳刀”。跳刀最早是一种瑕疵，因为陶瓷作品需要光洁，而有跳刀会破坏瓷器的光洁。陈新华深入钻研了跳刀原理，他认为跳刀技法很神奇，短短几秒或几十秒钟效果千变万化，于是把它转化为当代婺州窑乃至陶瓷的主要装饰方法，效果甚佳。此外，陈新华还介绍了草木灰釉与翡翠釉等等诸多创新工艺，分享干货满满，让陶瓷爱好者大呼过瘾。

尹根有《乳浊釉洗》

如果说陈新华复原古法，古法今用，“正复为奇”，那么，婺州窑陶瓷烧制技艺省级代表性传承人尹根有则在守正出奇的基础上，做了更多“锐意创新”的工作。

尹根有出身陶艺世家，爷爷与父亲都有着一手制作陶瓷的绝活，他从小就是“玩泥巴”长大的。初中毕业后，他就到父亲工作的陶瓷厂做工，父亲开始教他一些传统制陶技艺——手工拉坯成型等，四五个月后，他便能独立制作出完整的陶瓷产品，并到其他窑厂做工。1981年，父亲退休，尹根有顶职，年纪轻轻的他在当地陶艺领域崭露头角。1985年，尹根有被选送前往北京参加全国陶瓷造型雕塑设计制作培训，这期间，他和同事共同创新研发的陶瓷工艺台灯在京展出。此后的40余年来，他一直致力于婺州窑传统技艺的传承与创新。2008年，尹根有受聘担任婺州窑知名品牌“古婺窑火”的联合创始人，“让生活艺术化，让艺术生活化”的创作理念也成了“古婺窑火”产品的灵魂。创作方面，他追求简约质朴、自然清雅，技法上则力求精湛，最终形成了独特的艺术风格。他的工作室里随处可见充满现代元素又不失传统文化特色的婺州窑作品。近年来尹根有更致力于婺州窑产品的创新和生活化，以茶具为代表作品，2019年，成功研发了玉青瓷和玉沙瓷，给陶瓷行业增添了一份新的创意元素，多次获得省级、国家级大奖，广受陶瓷界认可。

尹根有认为，艺术源于生活，生活创造艺术。艺术源于对历史的继承，也源于现代创新，应该以现代的科技模式，走创新发展之路。他在创作中吸收了传统文化精髓，扎根于传统陶瓷技艺沃土，不断推陈出新，把传统文化元素广泛应用在作品里，让传统文化融入现代生活。他介绍了自己在2014年为中秋节设计的三款茶具，其中一款名为“圆满”。茶具表面用汉白哑光釉，裂纹做装饰，里面是青釉，两个杯子做斜口，壶嘴高挑，壶把处理成圆形，一下子有了“把盏问月”的意境。这个作品获得了国家级金奖。另一件代表作《乳浊釉洗》，外部用哑光汉白玉作装饰，内部用金华本地矿研发的独特青釉，边上是二次上釉，呈现出不同的色泽。如果你仔细看，在内侧底部一圈可以看到各种各样的造型艺术，好似有羊、牛、牧人如久旱逢甘霖时兴奋起舞的场景，似有上古的神秘气息。他坦言，刚开始做的时候并没有预见这种效果，而是借由火的艺术通过烧制自然形成的。

柏德元《锦绣前程》

有人想出高价买这件的作品，尹根有老师选择不卖，而是存放在金华市博物馆。他认为，卖掉了就再也看不到了，放在博物馆里，不仅自己可以欣赏，其他人也可以观摩，美美共享。这件作品也被金华市博物馆永久收藏。再观此作，颜色渐变，色泽饱满，有云卷云舒，又有风吹草低之感，从它身上，我们能感受到中国传统文化“无为而为”的哲学意味。

当我们把目光从江南婺州窑转向北方金漆镶嵌，金漆镶嵌技艺同样一直在传承旧工艺，探索新路子。

金漆镶嵌：从“只见其物，未闻其名”到“飞入寻常百姓家”

金漆镶嵌源于宫廷，听起来很陌生，但一说起来，大家都会知道。侯雪老师介绍，金漆镶嵌技艺中最为著名的作品，就是故宫博物院的龙椅。其实连带背后屏风、脚下的地台，甚至“正大光明”匾、太和殿、太和门广场的匾，都是金漆镶嵌工艺制作而成的。业内曾有句开玩笑的话，“原来金漆镶嵌也是国家级非遗老字号啊。”也从侧面显示了金漆镶嵌在大众认知上略显尴尬的处境。

侯雪介绍，实际上金漆镶嵌不是单一工艺，而是集成工艺，涵盖门类非常广，今天主流的金漆镶嵌工艺有七大门类，子类更多。小到案头的胭脂盒，大到宫廷营造，都有它的身影。金漆镶嵌用料多为金箔和各类天然宝石，以原色雕刻成山水、人物、花鸟，嵌在漆器胎体上，大气辉煌。再加上金漆镶嵌器物制作广泛，装饰手法多种多样，装饰效果丰富多彩，极其适合装饰，这也注定它会受到皇家喜爱。

侯雪所在的厂有60余年历史，大师辈出，金漆镶嵌师傅众多，平均工龄20年以上。他们不仅制作龙椅、屏风等雍容华贵的传统器具，还做仿宋脱胎工艺的茶具、茶盘等仿制器具。作品不仅被放置在如香山公园勤政殿等公共场所，供大众参观欣赏，还作为陈设参加APEC会议等诸多外事活动，获得一致好评。

同样走创新路线，与尹根有专注茶器不同，侯雪介绍，他们开发的金漆镶嵌产品不只有传统器具，还开拓了与现代生活结合的多品类文创产品，比如与著名时尚品牌盖亚合作的公益项目女士手包，和法国巴黎时装发布会联创手包，还有和其他设计品牌合作的日用产品，比如台灯、冰箱贴、文具、香薰、香炉等等。

侯雪认为，金漆镶嵌过去一直为皇家服务，当代则应该服务于人民大众。因此，产品不仅包括艺术品、收藏品，也有贴近生活的日常器物。

同样在北方，穆祥勇扎根河北廊坊，依托廊坊非遗产业聚集，深耕金漆镶嵌家具。《甄嬛传》《芈月传》《延禧攻略》等耳熟能详的电视剧中的宫廷家具道具，绝大部分都来自他这里。

做家具道具只是穆祥勇工作的小部分，做大家能在商场买到的生活实用家具才是他的日常。穆祥勇自小跟随师父学艺，爱人也是市级非遗传承人，夫妇俩志趣相投，做了很多走入寻常百姓家的金漆镶嵌家具。穆祥勇做的家具实用性较强，比如“多子多福”收纳柜，漆颜色主要使用黑、红和金三色，侧面是山水画，整个料都是北京老房子下房子的老料，放置两三年以后再加工，这样无论在南北方都不开裂，稳定，美观，实用。还有一款三屉四门束腰柜，属于传统老闷柜，使用传统图案，台面底下的腰收紧了一圈，有头有尾，显得贵气，也很实用。这款柜子在穆祥勇厂里生产了二十五六年，经久不衰。柜面嵌的是牡丹和蝴蝶，寓意花开富贵、招财，很受欢迎。多年来，穆祥勇刻苦钻研金漆镶嵌实用家具，产品广受青睐，曾经有一个屏风卖出了几十万元高价，在当地引起不小反响。

直播过程中，四位嘉宾还相互交流了如何融合对方工艺，探讨了诸多可能，激发了众多灵感，期待更多非遗艺术品问世。最后，在现场提问环节，既有中国

穆祥勇　三屉四门束腰柜

科学院自然科学史研究所研究员李劲松这样的专家，也有热心非遗的民间志愿者、数学老师王晟，还有在非遗创业大赛中获得二等奖的大学生心仪参与。李劲松老师总结了四位嘉宾的作品特点，并和陈新华大师详细交流了具体制作细节；王晟老师则从普通民众角度期待更多大众消费得起的非遗产品，这也是各位嘉宾都在努力探索的方向；心仪就自己的参赛项目"推光漆艺"向各位专家大师请教，获得了专业而中肯的建议。

三、小结：山重水复，柳暗花明

数百年前，金漆镶嵌髹饰技艺在明清有官方制造处，行业鼎盛；千年前，婺州窑陶瓷烧制技艺也是六朝与大唐风华中一支流彩。虽然金漆镶嵌在近代一度衰落几近断绝，婺州窑也在明朝走向衰败，但它们不是美的吗？它们本是中华传统文化中的精髓，只因岁月的风霜蒙尘，然美人着旧衣，依旧是美人，真金总会发光。岁月变迁，时至当代，随着大众认知逐渐提升，大众审美不断提高，一众非遗人不懈努力，相信金漆镶嵌髹饰技艺和婺州窑陶瓷烧制技艺定会与时俱进，连接现代生活，绽放迷人光彩！

對話 6

文人风雅　时代华章

时值初秋，碧波秋水，白云悠悠，“婺风遗韵”系列活动之“婺风京韵”非遗线上走亲会——“南工北艺话非遗”系列活动第六期于2022年8月19日晚上线直播，本期主题是“文人风雅”，特邀绿茶制作技艺（婺州举岩）金华市级代表性传承人、浙江采云间茶业有限公司董事长潘金土，婺州举岩宋代点茶技艺国家一级茶艺师郑健美，传统制香技艺河北省级代表性传承人、河北谷氏香业有限公司董事长谷俊明三位非遗传承人担任主讲嘉宾，与大家分享文人雅趣。

“南工北艺话非遗”板块之“文人风雅”海报

一、文人风雅与非遗人

直播伊始，嘉宾们分别介绍了各自传承的非遗项目，分别以一位种茶人、一位点茶人、一位制香人的角度，谈了各自心目中的“文人风雅”。

潘金土：大俗即大雅的种茶人

潘金土首先介绍了婺州举岩茶的历史。婺州举岩始于唐，兴于宋，盛于明清，唐五代时期婺州举岩茶是十大茗品之一，明清时期是进献皇家的贡品，主产于浙江金华北山双龙洞顶一带，因金华在隋唐时期称“婺州”而得名。其茶味浓，性甘，营养丰富，含有茶单宁、蛋白质等多种有益物质。茶多酚、咖啡碱、氨基酸含量极高，因此具有很高的药用价值，唐代《本草拾遗》、宋代《茶赋》及明代《本草纲目》均有记载。2008年，绿茶制作技艺（婺州举岩）入选国家级非物质文化遗产名录。

当聊到文人风雅与茶时，潘金土的回答很朴实：“我是个种茶叶的农民。”他认为茶既是“柴米油盐酱醋茶”，也是“琴棋书画诗酒茶”。大雅即大俗，大俗即大雅。他说，点茶、焚香、挂画、插花当然都是雅，但也不乏像他们这样的制茶人习惯大碗喝茶。传统文化博大精深，琴棋书画诗酒茶当中，有很多值得挖掘的细节。国人在坚定文化自信中展现出的优秀传统文化自信，茶是其中之一，是一种生活方式，更是一种优秀传统。茶上得厅堂，下得厨房。不管是普通人日常的物质文化生活，还是文人墨客的精神文化生活，茶都是风雅的代表。

作为一名非遗传承人，他认为自己的责任和使命就是做好茶，传承好非遗技艺，弘扬中华优秀传统文化，让更多人喝到好茶，为人民的生活增光添彩。

郑健美：茶上作画的茶艺师

宋韵文化流传千年，近年来，大宋背景的电视剧越来越多出现在人们的视野中，看过《知否知否应是绿肥红瘦》这部古装剧的观众就会发现宋代人比我们现代人会生活、会享受。点茶、插花、焚香、挂画、下棋就是他们的日常。

近期，随着电视剧《梦华录》的火爆，刮起了一股宋代点茶风，许多年轻人对“点茶”这一古老又风雅的茶艺，非常感兴趣。郑健美给大家详细介绍了宋代点茶技艺。先要把茶碾成粉，沿用宋代的点茶方法，把它点出泡沫，再饮用。点茶茶味更醇厚，口感更加细腻，特别好喝。也因其独特的制作技艺，婺州举岩宋代点茶技艺于2021年3月被列入金华市第八批非物质文化遗产保护名录。

对此，主持人李媛媛有个唯美的比喻：外国人在咖啡上拉花，我们中国人也会在茶上作画。点茶茶艺师都是画家，他们的画纸，就是一杯杯茶。

谈到“文人风雅”，郑健美认为，文人风雅可以有两方面的解读，一方面是关于文人。金华山清水秀、人杰地灵，是一座生机盎然的现代化都市，也是一座历史悠久的古城。宋代的古婺金华，名人辈出，陆游曾在此避难三年，后来也曾多次游历金华；李清照也曾卜居金华酒坊巷，并创作了大量诗词，留下了千古绝

举岩茶园秋景

唱《题八咏楼》：

千古风流八咏楼，
江山留与后人愁。
水通南国三千里，
气压江城十四州。

另一方面，风雅是一种生活方式，也是我们向往的美好生活。因为生活好了，我们才能有雅性。宋人风雅，就体现在日常生活细节

婺州举岩茶宋代点茶技艺

之中，柴米油盐酱醋茶之外，多了一份闲情雅致，便有了平日里的焚香、点茶、挂画、插花这四种雅趣，通过嗅觉、味觉、视觉和触觉，把感官和艺术融合，从而表达出自己的内涵修养与精神境界。

谷俊明：追根溯源的制香人

谷氏家族世代传承制香技艺已600余年，从明朝早期开始，最后落户到廊坊，跌宕起伏。谷俊明谦虚地说他跟金华的两位老师一样，就是一个手艺人，祖祖辈辈制香，就希望把它传承下去。

谷俊明介绍，香文化起源很早，它萌芽于先秦，成长于两汉，完备于隋唐，盛行于宋，普及于元明清。香的发展，是其使用范围逐步拓展的过程，从早期的祭祀到后期的王孙贵族，然后到文人墨客。宋代“四般雅事”，焚香便是其中之一。在《清明上河图》中，有很多香坊，说明当时已经普遍使用香料了。“打香篆”只局限于文人群体，难以推广。现在大众最常使用的线香出现在宋末元初，之后香才传播得更加广泛。线香是一种工艺，也是一个手艺人的行当，通过精选香料、研磨、筛粉、配比、制香、分段等工序而成香。线香当时名字叫“炸玉香”，一直流传至今。

谷俊明展示制香

谷俊明对制香技艺追根溯源，曾去云南丽江纳西族聚居区考察，据当地传说，纳西族是蚩尤后人，他们的象形文字记录了中华民族六千多年前的用香场景，包括祭祀等典礼仪式。他说，香既是药，又是香，药香同源。制香行当也有“祖师爷”，这“祖师爷”就是尝百草的神农，制香祖训里就有“千烦不抽一简，百味不省一香”，与制药相同。他认为，香跟文人墨客分不开。“唐宋八大家”中的苏东坡是制香高手，他门下的黄庭坚更是“香痴”，写了许多关于香的诗词。苏氏家族跟廊坊地区渊源很深，苏轼父亲苏洵曾在文安做官，当地有桥叫苏桥。还有很多像苏轼、李清照这样的文人墨客在廊坊写下了关于香、茶的诗篇。谷老师表示，虽然自己只是一个手艺人，但是很希望这份手艺能不断延续，发扬光大。

二、茶与香：精神食粮，非遗精品

主持人提出一个有趣的问题，文人喝茶时总会点香、打香篆，茶是很多文人的口粮，那香之于文人是什么呢？

谷俊明认为，香跟茶异曲同工，不可分割。因为茶和香有“运出去、拉回来”的说法，运出去的是茶和瓷器，拉回来的是香料，不论是陆路丝绸之路还是海上丝绸之路，都是如此。茶换回来的香料，不仅有老百姓离不开的花椒大料，还有印尼、西域等地出产的沉香、檀香等文人用香。香文化也从文人墨客开始扩散传播。南唐后主李煜的琴棋书画艺术造诣远超其他君王，大家不知道的是，他还与小周后调制了著名的“鹅梨帐中香”。苏轼、苏辙两兄弟也是爱香人，近代的《燕居香雨》当中记载有“二苏旧局”的香方，就是为了纪念他们的兄弟情，苏轼自己也做了很多香方，比如经典的“雪中春信”。不只苏轼，制香中很多方子都出自文人墨客。如此说来，从皇朝贵族到文人墨客，香之所以能逐渐普及，是因为文人们喜爱香，且文笔好，能把香的精髓丝丝入扣地写到文章中，让更多人从中学习，感悟香的独特。所以，谷老师更愿意称香为“精神层面的食粮”。他自述“70后”这一代人，小时候物质生活贫乏，而今盛世中国，“80后”“90后”和“00后”的孩子物质生活丰裕，更需提升精神生活品质，达到更理想的生活状态，这也是文人香茶能融入当代社会生活，被今人所接受的前提条件。

主持人李媛媛从谷俊明的阐述中发现了一个很重要的现象，就是每当有一个特别的东西出来以后，都是文人圈里先开始玩儿，有点像现在的时尚潮牌，而茶和香在古代都是最有前瞻意识的、最时尚的、最潮的人玩的东西。她说：“最近《梦华录》《知否知否应是绿肥红瘦》这些影视剧给大众启蒙了宋韵文化，也让人们了解了宋人风雅。去年以来，浙江大力推进‘宋韵文化传世工程’，金华也有非常多宋代遗迹，点茶是如何传播宋代潮流、传递宋韵的呢？”

郑健美随之娓娓道来：“从饮茶方式来看，从古到今经历了四个阶段，最早‘神农尝百草，日遇七十二毒，得茶而解之’，以吃茶为主；到了唐代陆羽时期，主要是煮茶；到了宋代则以点茶为主；再到现代，以泡茶为主。大众日常喝茶更注重实用，待水煮沸，将茶叶泡了喝了就完事。”她继续说道，小时候父母亲经常这样子喝茶。而宋代点茶就讲究多了，《梦华录》把宋代点茶推向了一个高度，剧中演示出来的茶百戏令人向往，于是，她就在自己的工作室里做了宋文化体验课，让大家来体验点茶、喝茶的全过程。

古人喝茶，程序较多，更讲究仪式感。比如器具非常多，南宋审安老人的《茶具图赞》中，把点茶用的十二件器具称为“十二先生”，现代器具则简化了。真正复原点茶这套茶仪，是需要花费很大心力的。从制茶开始，先烘烤小茶饼，锤成碎块，再用石磨碾碎，研磨成粉。点茶过程也非常讲究，先要调膏，将茶叶调成膏状以后注水。点茶形成的泡沫，古代的时候称为“沫饽”。最后在沫饽上面作画。说到沫饽，不得不说“斗茶”。郑健美介绍，点茶早期在达官贵人中流行，后来平民百姓也点茶，并且通过斗茶评优劣。如何斗呢？首先挑好茶具，比如选用黑釉盏，出茶汤后，看谁点的茶沫饽最细腻、最白、最持久，就是最好的。

随后，郑健美为观众现场演示茶百戏，还特意配上古琴曲《良宵引》作背景音乐。古人今宵酒醒何处，今人今宵茶香相伴。郑健美一边演示，一边讲解：“先温盏，凉茶露盏，注水调膏，膏成高转，还住积沸。”品茶，沫饽细腻，茶汤醇厚甘甜。演示完毕，郑健美还特意提醒大家喝茶的注意事项，比如品茶时可以“吸溜”着喝，把茶吸进口腔，让茶汤顺着舌头边缘来回游走，让舌头各区域的味蕾从不同角度感受茶的滋味。

中国名片，非遗精品

中国茶文化作为中国国家形象代表，从2020年底开始向联合国教科文组织申报人类非遗，婺州举岩茶作为浙江“茶七子”之一，又是国家级非遗，也参与其中。潘金土说：“茶起源于中国，传播于世界，中国是世界上最早发现和利用茶叶的国家。从上古神农尝百草，到唐宋元明清，直至目前，全中国拥有茶园面积4000多万亩，约占全球的六成，茶叶产量约占全球的四成，占比如此之大，从过去的茶马古道、丝绸之路，中国的茶在全世界消费者的心中占据了首要位置。只要一讲到茶叶，大家马上就会想到中国，所以，茶是中国文化的代表之一。国家在世界各地的孔子学院中也推广了中国茶文化，通过茶让世界了解中国；同时，也通过发展茶产业带动了地方经济发展，让乡村振兴，共同富裕。2019年，联合国大会首次通过中国政府提案，确定每年5月21日为‘国际茶日’，这也是国家文化自信的体现。中国茶文化申报人类非遗也是中华民族文化自信的表现，希望通过申遗进一步传播中华文化，让中国对世界产生更大更深远的影响。婺州举岩作为中国茶文化的一个代表参与其中，希望申遗能够圆满成功，让中国茶走向世界，让更多的人了解中国茶，了解并喜爱中国文化！”

李媛媛对潘金土的话深表认同，她说，自党的十八大以来，习近平总书记多次强调要统筹做好茶文化、茶产业、茶科技这篇大文章。中国茶文化源远流长，制茶技艺也自成体系。不管是西湖龙井，还是婺州举岩，或是安吉白茶，都有一套系统而独特的制茶技艺与茶艺文化体系。茶是中国的名片，以茶问世界，可以促进世界文明的交流和互鉴。中国茶随着丝绸之路，随着茶马古道，随着万里茶路，传播到世界各地。茶不但是中国联系世界的桥梁，同时还是维系全球华人情感的重要纽带。她不由感慨：“小小的一片茶叶可以带给我们这么多的感动！”

三、非遗营销与运营：扎根厚土，仰望星空

非遗人都非常关注非遗产品营销和品牌运营问题。潘金土经营的茶企名为“采云间”，既有国家级非遗项目婺州举岩茶，也有自己的茶品牌“采云间”，谷俊明是非遗老字号中做非遗品牌尝试的先行者，在做家族品牌、线上直播等方面都积累了丰富的经验。他们分享了各自的经营之道。

潘金土：让有机茶从中国走向世界

潘金土经营的浙江采云间茶业有限公司是国内最早从事有机茶生产和配方的企业，被业内称为“中国有机茶第一家”。有机茶即生长在没有任何污染的环境中，生产和加工过程当中，不使用任何化肥农药及化学合成物，并且经过国际

有机认证的茶叶。全球第一个联合国有机茶生产与贸易示范基地就在采云间的茶园。有机茶也是真正符合国家绿色发展思路的产品，大量出口到欧美国家。欧洲食品安全要求非常高，可在20年前，采云间就通过了欧洲标准所要求的400多项检测，特别是德国，有个别指标与我国有些差距，但随着我国的发展，这些标准越来越接近了，有些甚至比国外的还要高。有机茶目前在国内的产量和面积分别不到1%和15%，欧美发达国家的有机食品是5%左右，所以我国有机茶的发展空间还很大，特别是国家的“3060计划”目标，对发展有机食品是很大的利好。

有机茶是更自然、更环保的茶品种，更符合生态要求，为碳达峰碳中和贡献了一分力量。李媛媛说，采云间企业运营得非常成功，正在不断进步，实现跨越式发展。潘金土把婺州举岩茶的包装盒设计成一本书的样子，喝一杯茶好像打开了一部书，令人不由得赞赏其在品牌营销上的用心之处，不单单是做好茶，还讲好了茶故事。美国文化人类学家本尼迪克特说：“一开始，上帝给了每个民族一个圣杯，人们从中引入了他的生活。”李媛媛将此句略加改动，更加传神：“一

婺州举岩宋代点茶技艺

开始，我们的祖先给了每个中国人一个茶杯，而每一个中国人都在这个茶杯中引入了他们的生活。”

谷俊明：从激进扩张到稳扎稳打

谷俊明在品牌发展和品牌营销上都很有前瞻性，很早就开始研究“谷氏香”如何在当代焕发新光彩。白居易曾写过“尽日窗间更无事，唯烧一炷降真香”。当时谷俊明家里有个香方只有两个字，叫“降香”。他知道降香有两种，一种是海南黄花梨木粉的；另一种是黎苗当地有种香名叫肌骨香（音）的，是古代红伤药的主要成分。为弄清源头，他专程去海南找香方，其间接触了很多当地人，更加验证了“药香同源”的理念。

谷俊明早期主要做线下，比如海南南山寺的尼泊尔馆内有几十平方米的谷氏香展厅，而在整个尼泊尔馆里陈列的都是国家级非遗项目，唯独谷氏香一个省级非遗项目，此外，承德避暑山庄、泰山、江西井冈山等景区均有谷氏香展示。现在很多景区愿意跟谷氏香合作，希望能现场展示制香过程，让更多人能看到传统手艺，但谷俊明并没有大规模扩展，因为他一直记得河北省非遗专家张雪芳老师的建议：“老谷啊，别走太远了。太远了，回头出现任何问题，我们帮不上你。”所以他不着急扩大规模，而是稳扎稳打、步步为营地推进。

谷俊明认为，香比茶更小众。人们都以为香只是祭祀用，而且香行业没有国家标准，市面上的香百分之八九十都有化工成分。他有一个非常形象的比喻：香像捆扎大闸蟹上的绳子一样，绳子如果捆在白菜上，就是白菜价，如果捆在大闸蟹上，就大闸蟹价。而他之所以亲自走遍了几乎所有香产地，就是因为有时候供货商发的货达不到他的“和香”标准。

谈及和香的内涵，谷俊明说中国讲究“和”文化，香是按中医“君臣佐辅使”的理论制作的，需要“品其性，和其味，融入其香”。这是它的特点，如果不按香方制作，香的味道和香韵都达不到标准。如果今天做的“鹅梨帐中香”是一个味道，明天又是另外一个味道，那就没有人认可，更谈不上老手艺、谈不上传承了。所以他坚持在制香过程中结合原产地、原材料，按照香方一步一步认真制香。

后来，恰好家中的孩子们学的是网络营销专业，所以，他也跟着一点点慢慢开启线上品牌运营。平时，制香这种老手艺大众难得一见，于是，谷俊明特意把制香过程搬到了镜头前，虽然观众闻不到气味，但是能看到制作全过程，可以了解到传统文化还在传承和延续。接下来，一个偶然的机会让他接触到了直播，在直播过程中，有人跟他聊天、订香，再后来接触一些平台，能转换成经济效益了。三年前，谷俊明又接触了抖音，抖音也在大力支持非遗老字号，而香作为传统文化代表，符合抖音平台的推广条件，能免费推流。很快，谷俊明从开始的门外汉，到现在能帮其他传承人做直播运营了。

婺州举岩茶叶

有感于自己寻香、制香、宣传推广的辛苦经历，谷俊明希望爱香之人少走冤枉路，希望全国乃至全世界有更多人能认识中国文人的风雅。

非遗就是这样，现代传播工具发生了改变，非遗传播的方式也发生了改变。原来酒香不怕巷子深，现在酒香也须勤吆喝，身处廊坊的谷俊明可以把生意做到全球，身处金华的潘金土也可以借力互联网把自己的茶叶远销海外。变了的是营销模式，不变的是非遗人对非遗产品的高品质追求。

三位嘉宾还交流沟通了跨界合作问题，现场碰撞出不少火花。在问答环节中，谷俊明分享了将绿茶与老山檀搭配的方法，既去除了老山檀土腥味略重的缺点，又发挥了老山檀的甜味与本木香，还融入了茶的提神醒脑作用。廊坊非遗人口口相传的非遗专家小燕姐也被主持人邀请分享了作为非遗志愿者的心路历程，她的分享朴实无华，感人至深。廊坊非遗志愿者团队的负责人王晟老师也分享了他对非遗志愿者工作的认识，表达了对三地非遗工作进一步合作交流的期待。中国科学院非遗资深专家、“南工北艺”对话的老朋友劲松老师与三位非遗传承人分享北京地区的相关非遗进展和资源，同时也期待三地非遗人通过交流产出更多成果。

四、小结：古人风雅　今日风尚

千年前宋人风雅是当时的时尚，潮流易逝，历史大河奔流而下，然传至今天，当年的时尚借助短视频、影视剧、网购平台，重又升温，逐渐热闹，如今风雅与时尚同立潮头。古人若见到当今盛世里的种种繁华，想必也会为非遗人的努力骄傲吧。

對話 7

缤纷美食　至味人间

“南工北艺话非遗”第七期的主题“至味人间”，邀请到了金华酒传统酿造技艺国家级代表性传承人吕敏湘、金华酥饼传统制作技艺浙江省级代表性传承人黄维健、婺式传统糕点制作技艺金东区级代表性传承人楼洪亮、北京便宜坊集团品宣经理罗英男，四位老师与大家分享并探讨非遗至味之美。

一开场，吕敏湘的自我介绍深情质朴：“我是金华酒传统酿造技艺国家级代表性传承人吕敏湘，从事这个行业五十年了，从没离开过，酿酒是我一生挚爱。”

据“中国非物质文化遗产网”介绍：“酿造酒俗称‘黄酒’，系以稻米、黍米、玉米等为原料，淘洗、蒸熟、淋净后以白曲和酒母为糖化发酵剂，加入江曲、优质水，发酵后酿成熟醪（浊酒），再经压榨、泼清、沉滤等工序而最终制成。酿造酒色黄，清亮透明，香气浓

“南工北艺话非遗”板块之“至味人间”海报

话非遗

郁，入味醇和。酿造酒是我国传统的酒种，营养成分丰富，具有通血脉、暖肠胃、润皮肤、散湿气、滋补强身等功效，尤为江南人民所喜爱。”

中国是酿造酒的发源地，春秋战国之际，金华地区就已出现以糯米、白蓼曲酿造的“白醪酒”。唐宋以后，金华酒以优异品质而驰誉海内，跻身全国名酒行列。金华酒以悠久的历史、独特的酿造技艺、清冽甘醇的色味和养生益体的功效在我国众多黄酒中自成一格。

黄维健介绍自己从事酥饼行业也已四十余年。他所创立的“小老黄”是金华老字号，生产的酥饼不仅在浙江本地受到热烈欢迎，还远销北京、上海等地。金华酥饼制作工艺复杂，需要经泡面、揉面、搓酥、摘坯、制皮、包馅、收口、擀饼、刷饴、撒麻、烘烤等10余道工序制成。它色泽金黄，香脆可口，油而不腻。

楼洪亮是青年一代非遗人代表，相比前两位师傅，他的从业时间比较短，但也有近16年了。楼老师不仅注重婺式糕点技艺的传承，还创建了糕点品牌“楼师傅”，在传统糕点的基础上做了很多创新，经营范围覆盖浙江全省。

罗英男是北京便宜坊集团有限公司的品宣经理，她表示非常荣幸能参加这次线上活动。她认为这个活动非常新颖，非常有意义，也希望通过这次交流分享，能够得到各位大师对非遗的解读和建议。接着，她介绍了便宜坊集团。便宜坊集团始创于公元1416年，历经数百年风雨。便宜坊集团不仅有烤鸭店，还拥有众多老字号。北京烤鸭分为挂炉烤鸭和焖炉烤鸭两大流派，便宜坊以焖炉烤鸭最为著名。集团有十项非遗项目，其中国家级两项。功德林饭庄、锦芳小吃店、哈德门饭店、天兴居等都是集团旗下品牌。

一、大师说至味人间

吕敏湘有感而发，分享“至味人间”是怎样的感受。他说，从字面上讲，最好的味道在人间。那么至味出自谁手呢？出自匠人之手。匠人做食品时，要用心才能做到极致。“至味人间”是匠人的社会担当，也是事业担当。所以吕敏湘认为无论哪种担当，每个匠人都要用心，这是食品行业匠人们的底线。

黄维健认为“至味人间”是千年传承下来的文化，是刻在金华人基因中的乡愁。现代生产工艺可以大规模批量生产酥饼，但黄维健认为，他哪怕不挣钱，也依然要用传统炭火手工烤酥饼，传承传统工艺。他认为手工炭火烤出来的酥饼味道与现代化工艺完全不一样，手工技艺是酥饼的灵魂，其间蕴含的传统文化也是一个城市的灵魂。有情感、有故事、有味道的酥饼，金华人不管走多远，回家吃到一口酥饼，才称得上“人间至味”。

楼洪亮则认为“至味人间”是中秋节外婆家的一块月饼，是端午节丈母娘家的一份绿豆糕，是过年家里的冻米糖切糕，是这些刻在我们血脉里的味道。虽然很多技艺失传，虽然大家生活水平提升，但想吃的东西越来越传统了。他认为这是文化的力量。“楼师傅”糕点也从这里出发，改良了婺式糕点。楼师傅的这个理念，得到了很多人认可。所以楼洪亮认为“至味人间”还是节庆的那份糕点，还是那份没变的人情味，它一直没变，将

北京便宜坊集团门店

来也不会变。

罗英男认为“至味人间”是美好的滋味，是我们心中最美的食物。每一项非遗都历史悠久，传承了数百年。便宜坊烤鸭从开始到烤制成熟要经过几十道工序，都一处烧麦要经过最少16道工序，才能炮制出来，它不光表达了制作过程中匠人的坚守，也是要把美味传递给消费者的一种情怀。一日三餐被赋予更多的意义，人们不光是为了填饱肚子，更会在节日等重要时刻，选择在餐厅度过，与家人朋友共度美好时光。

吕敏湘：酒如人生

主持人李媛媛说，有好水的地方都有好茶、好酒，茶和酒被饮者品尝，才真正地完成使命。对这个观点，吕敏湘认为，茶和酒可以升华人生，对月当歌，茶酒相伴。茶洗涤烦恼，酒消却忧愁；茶以鉴事，酒可当歌，皆是人生百态。

茶酒本无意，唯有茶酒一体，皆为人生至简。饮酒只有拿起和放下这两个动作，拿起的是你人生的责任和担当，放下的是你的欲望和贪念。微醺古而有之，饮者微醉为好，千万别过头。

金华酒新品

吕敏湘说，作为酿酒人，酿酒要做到本真。酿酒体现了匠人对中华优秀传统文化的传承。这是传承人不可推卸的责任，希望传承人能为中华民族伟大复兴添砖加瓦。

黄维健：酥饼是金华人的乡愁

金华人记忆中的味道一定有金华酥饼。黄维健说，他14岁时就开始跟随母亲做酥饼。全国有数千种酥饼，但像金华酥饼这样两次发面、咸味的酥饼，比较独特。作为金华本地人，黄维健表示很幸运。平常大家吃到的金华酥饼都是带包装的、冷的，但正宗金华酥饼的品尝当是热乎乎的。有一年，他参加浙江省十大名小吃比赛，现场制作金华酥饼，获得了一致好评。

楼洪亮：做婺式糕点的传承创新者

金华古称婺州，楼洪亮传承的婺式糕点技艺与婺州文化有怎么样的关系呢？楼洪亮说，他与前面两位传承人的不同点在于，他所传承的是从金华档案馆找出来的金华糕点馆的婺式糕点，有一百四十多个品类。提到婺式糕点，离不开婺州的兴衰，也离不开金华所处的区位。身处浙江中心地带，婺州语言、美食受戏剧文化、码头文化影响，形成了独特的风味，也形成了独特的婺式糕点。婺式糕点制作过程非常精细，非常符合古人“食不厌精，脍不厌细”的饮食标准。

“楼师傅”品牌所做的婺式月饼独树一帜，它采用蒸制工艺，使用江南地区大米，在市场上区分度很高，这是楼洪亮婺式糕点的一个小小代表。楼洪亮认为，虽然有些婺州糕点已经失传，却有了新一代传承人的理解，在传承的基础上创新发展，他自己既是婺式糕点技艺的传承人，也要做婺州饮食文化的传承创新者。

听完金华非遗人分享，罗英男也分享了便宜坊集团旗下的非遗美食是如何留下北京味道的。她说，“京味儿”代表了首都美食文化、皇城文化。它有独特的地方文化魅力。俗话说“一方水土养一方人”，一个地方的饮食文化也包含了这个地方的生活方式和人们的脾气秉性。北京比较包容，既有高大上的皇城文化，也有市井特色；既有以满汉全席、北京烤鸭为代表的高端大餐，也有豆汁儿、卤煮、火烧、包子、炒肝儿这样的市井小吃，可以说兼容并蓄。大餐有大餐的气派，小吃也有小吃的韵味，它们构成了丰富多彩的饮食文化。罗英男老师还分享了两段视频，分别是焖炉烤鸭和都一处烧麦的制作流程，让大家更详细地了解了这两种国家级非遗美食。

二、非遗美食特色

吕敏湘：无灰酒

金华酒是怎么制作出来的呢？品尝时要注意些什么呢？

据吕敏湘介绍，金华酒是低度米酿酒，它最大特点是“无灰”。古代黄酒风靡全国，为了保证长途运输不变质，所以在黄酒内加矿物质。无灰酒就是指在酿造过程中不添加矿物质的黄酒。因为这种无灰工艺，医药界非常推荐使用金华酒配药。金华酒甘鲜无毒，饮用后不头痛、不口干。《本草纲目》比较了当时数种名酒后，对金华东阳酒给出了一个结论：“甘鲜无毒，常饮若药，居良。”

在古代，金华酒非常受文人墨客欢迎，地位很高。李白“兰陵美酒郁金香”就是说金华酒，陆游为赞美东阳酒写了八首诗，马致远把东阳酒誉为“江南三宝”之一。宋明两朝，金华酒都是官酒、贡酒。清朝袁枚总结了金华酒的特点：“金华酒有绍兴酒之清，无其涩；有女贞之甜，无其俗。”吕敏湘认为酿造金华酒，好水起了很大作用。吕敏湘酿的东阳金华酒，使用的就是金华天然无污染的水源。工艺也起到很大作用，酿造金华酒工艺已经在吕敏湘家族传承了二十五代，第一代如何做，他也怎么做，因此还可以酿出千年前的味道。

黄维健：两次发面，腔火烤制

金华酥饼承载着一代又一代金华人的记忆，国内其他地方也有酥饼，金华酥饼最大的特色是什么？

金华酥饼

黄维健认为，金华酥饼最大的特点是两次发面，一般酥饼一次发好，金华酥饼还要第二次发面。中国酥饼可能有数千种，大部分都是甜的，金华酥饼是咸的。酥饼传承千年，其中有许多工艺进行了改进，但黄维健的

“小老黄”酥饼仍然保持了传统的手工炭炉烤制。即使是夏天，仍然用手工腔火烤制。腔火烤制是炉内明火，酥饼贴在炉子内侧烤制。腔火不是以前说的文火，文火烤制是卸完炉内火再贴酥饼，这和腔火烤出来的味道完全不一样。

金华酥饼不仅需要近200℃的炉内腔火烤制，还需要金华当地的两头乌猪肉，才能做出来老金华人一吃就能感觉到的金华味道。为了传承金华酥饼工艺，让更多的人品尝到金华味道，黄维健改变了秘不传人的做法，开门授徒。以前收徒弟还收取学费，现在喜欢金华酥饼的人，甚至想要开酥饼店的人，只要愿意学，他都会给予帮助，免费传授。通过这种方式传承手艺。

三、非遗美食发展策略

楼洪亮：买卖是最好的保护，使用是最好的传承

青年非遗传承人在制作糕点的时候，秉承着什么样的理念？关于这个问题，楼洪亮作为青年非遗传承人代表，结合自身工作，总结了三个关键词：守护、传承、创新。

时代一直在进步，人们的饮食习惯也一直在变化，在变化中，楼洪亮认为千万不能丢掉文化。文化虽然在不断地演绎，但其中有不变的部分，这是

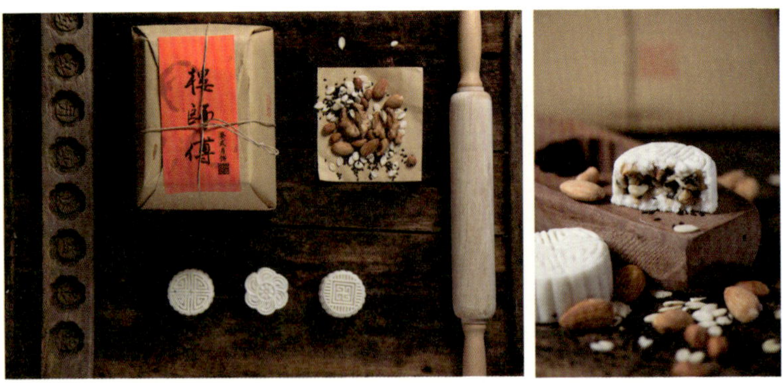

婺式传统糕点制作技艺

需要守护和传承的。他和同事所创立的“楼师傅”品牌，就从坚持健康饮食和慰藉心灵两个不变的关键需求来做传统糕点的传承和创新。

传统糕点和其他类别的糕点不一样的地方，就是只要有传统节假日，就会有对应的糕点产品。楼洪亮认为既要守护文化，又要做创新，让传统的东西与时俱进。所以这两年来，“楼师傅”一直在提炼婺式糕点的精髓，研究并丰富它的文化内涵，也在挖掘整理产品背后的文化故事，这样才能让它进入人们的生活。楼洪亮组建团队时，比较注重品牌策划，希望能讲好婺式糕点的现代故事。同时，楼洪亮一直在高校食品专业任教，既是手艺人又是老师，在带领学生参加全省创新创业大赛期间，众筹了“楼师傅”这个品牌。他更倾向于做行业导师而不是专业教师。从行业导师的角度看，楼洪亮认为“买卖是最好的保护，使用是最好的传承”，他认为很多东西因为各种原因已经不被市场认可了，想要长久，就需要不断改进和创新。人们的生活水平在不断提高，饮食习惯和环境也在改变，不变的是要把传统的、经典的、精髓的东西留存下来。

除了守护传统，楼洪亮还做了许多传承方面的探索。他在十几年前就提出了饮食教育，但时机不成熟。直到中小学开设了劳动教育课程，其中一部分就是要求中小学生学会做饭。楼洪亮研发了结合劳动课程的中小学饮食课程，重点解决中小学生“怎么吃、怎么做、为什么”三个问题，给中小学生科普食材来源、制作方法、用餐礼仪。他认为，以后的消费会慢慢发展为体验型消费，以前食品只是食品，之后食品变成了礼品，他说这方向南辕北辙了，食品首先还是食品，然后才是礼品。楼洪亮在做传统饮食文化工厂，能让客户DIY食品，以提升客户的消费体验。他也有做美食旅游的计划。

作为手艺人，楼洪亮认为自己和其他师傅一样，年轻时进入技校学习手艺，学成后在高职院校任教。他认为，只要有工匠精神、有手艺，不论是否有高学历，同样能实现梦想。他提倡大家要放飞自己的梦想，打开视野，打开格局。据楼洪亮统计，单婺式月饼一个品类的市场体量就有好几个亿了。一款小点心，就可以有这么大的体量，整个糕点领域前途光明。楼洪亮最后深情表白民族饮食，他说：“作为一位‘80后’的餐饮技师，当然也怀揣着对中华民族饮食文化的热爱，也一直在研究中华饮食文化技艺。对技艺的研究、对饮食文化的坚持，让我站上了七尺讲台，这一切只为了实现自己心中的中国梦，为发扬光大中华饮食文化，让中国饮食屹立于世界餐饮之林贡献自己的力量。”

罗英男：非遗美食需要多样化发展

便宜坊集团旗下有十多种北京非遗美食，便宜坊集团实际上也承担着保护北京非遗美食多样化的责任。如果没有这些保护，很多小吃很难保存下去。在集团发展中，如何保护北京饮食文化的多样性呢？

罗英男说，她听了前面三位大师分享，感受到了他们对非遗浓浓的情怀和对技艺的严格要求，随后首先分享了便宜坊集团的一些基本情况。北京作为有三千多年历史的世界名城，有着多样的饮食文化，形成了众多老字号，体验北京文化，老字号的非遗美食必不可少，便宜坊集团旗下有都一处、功德林等十二个美食品牌。在罗英男看来，便宜坊不仅是一家餐饮集团，更是传统餐饮文化的代表。

罗英男表示，便宜坊自成立以来，就秉承着“便利人民，宜室宜家”的经营理念，坚持走老字号餐饮品牌的传承和创新发展之路，致力于打造让消费者满意的老字号品牌。在营销上下了很多功夫，开发了多样化的点心，也结合传统节气推出一些特色的营销活动，在文旅融合方面开创了老字号新的体验式消费方式。比如便宜坊和北京东城区打造了“故宫以东”这个文化IP，设计了一条故宫以东京味十足的美食线路，消费者到便宜坊门店里，可以一站式体验小吃、主食、烤鸭这三类产品。在与科技融合上也做了很多努力，开展直播、云逛街、将非遗环境设计成VR影像，等等。在产品创新上，便宜坊也做了很多改良。传统烤鸭吃法主要是蘸酱和卷葱，味道稍重，便宜坊就结合现代营养和饮食口味的需求，推出了花香酥和蔬香酥烤鸭。这种新式烤鸭可以选用当季蔬菜或花瓣来搭配。还有都一处烧麦，传统馅是猪肉大葱或三鲜馅，便宜坊结合热点，推出了情人烧麦、国庆烧麦、奥运烧麦等，受到了消费者欢迎。罗英男认为，在菜品创新方面，不光要满足现代人的营养、口味，还要对菜品颜值有要求。在秉承原有技艺的基础上，便宜坊挖掘和开发了很多传统菜品，比如清酱肉、筒子鸡，等等。

罗英男认为餐饮服务也是一项重要工作，便宜坊在服务方面做了很多研究和工作，让消费者到门店用餐时可以体验到“温度”和“密度”，这样也能与消费者产生更好的互动。除此之外，便宜坊还做了很多研学活动，邀请各类消费者前往门店亲自体验制作非遗美食。同时便宜坊还参加了很多大型技艺展示活动和国际盛会，比如德国科隆的中国节活动，把非遗美食带到了国际上。便宜坊也因其高品质，参与了许多重大活动的餐饮保障服务。

罗英男总结，老字号的工匠，是非遗传承最重要的载体。不管是非遗技艺还是老字号品牌，都是靠人把技艺传承下去的。便宜坊会在这方面不断努力，把传统餐饮文化传承下去，这也是便宜坊人肩负的历史使命和责任担当。

四、非遗美食品牌打造

吕敏湘：谨守初心，开拓未来

关于非遗品牌理念和发展策略，吕敏湘表示，他们在做金华东阳酒品牌的时候，始终谨守初心，根据现代人的消费观念、消费需求，在传统的基础上与时俱进，不断开发新产品。开发新产品时，传统的灵魂不能丢。

东阳酒主要通过这几种方式打造品牌：一是参加国内外展览，比如进出口博览会、中华老字号展，等等。东阳酒属于浙江金牌老字号，中华老字号展每次必去。二是在企业内部建造了一个5000多平方米的东阳酒文化馆。在文化馆里，有金华酒酿造历史陈列介绍，也有数万册酒文化书籍。文化馆作为东阳市民生教育试点，帮助学生了解古代文化。在文化馆里还可以体验酿酒。三是办了中国第一家红曲酒宴，所有食材和酒水均来自红曲酒和天然红曲，希望能以此扩大东阳金华红曲酒的影响力。

吕敏湘还分享了他在做品牌后的体会：首先传承不能是“死传承”，应该动起来，随着现代人的生活需求，现代人思想观念的发展变化，要与时俱

金华酒（乌金酒）

进，要能跟现代人的生活习惯、生活理念相融合。因此吕敏湘开发了三度酒、六度酒等数个产品，符合现在年轻人轻饮酒的理念。东阳酒还和许多药厂合作，因为中成药里必须是传统的无灰酒，这是不能改变的。第二点体会，是文化馆的展示要动静结合。只是动态的，文化厚重感不够；只是静态的，现在年轻人没什么兴趣去看。从2013年到现在，东阳酒文化馆在不断改进和充实。第三点体会，做好传承，要从多方面着手。一是企业要有自己的独家配方，好好传承。二是在社会层面上，要面向普通民众。

吕敏湘最后总结，东阳酒还是要从多条途径走出去、请进来，通过以上几个方面，让传承有根又有花。

黄维健：追求品质，自有回馈

“小老黄”是金华非常著名的酥饼食品品牌，黄维健在打造非遗品牌方面，也做了分享。他认为，作为小众产品，酥饼的附加值不高，也不是必需品。要做大，就不能局限在金华，需要面向全国，通过线上推广。所以黄维健刚刚申请了京东自营、天猫旗舰店，开始这方面的运营。

黄维健也请网红做了多次“吆喝”，为什么说是“吆喝”？因为3分钟的销售额将近一百万元，但搞活动价格比较低，只赚吆喝不赚钱。但是最起码能让全国几千万人知道，金华原来还有酥饼。这些营销手段不一定能产生多大的经济效益，但是他认为这是非遗传承人的责任，哪怕不挣钱，也要去吆喝，让金华酥饼走得更远。

黄维健的“小老黄”品牌，除了酥饼，还有九蒸九晒的芝麻丸和其他产品。黄维健不光在做酥饼方面品控严格，对芝麻丸也是坚守传统技艺，追求品质。有人猜测黄维健一个芝麻丸卖这么贵肯定暴利，实际上他为了蒸晒芝麻丸，先在金华做了晒场，但金华多雨，效果不够佳，又专程去云南玉龙山脉脚下承包了一个环境非常好的晒场，专门晒制芝麻丸。黄维健说：“人在做，天在看，要对得起愿意买你东西的人。”黄维健在制作芝麻丸上投入了大量时间精力，全国的芝麻丸，只要他尝一下，就知道是不是经过九蒸九晒了。特别是芝麻丸这类保健品，更需要良心制作。所以黄维健表示，这么多年，哪怕没有做成大企业，哪怕销量平平，但仍然坚持这份初心。他相信，总有一天，上天会有回馈。

本期对话最后，北京、金华两地的四位非遗传承人还就非遗老字号客群老龄化问题做了简短交流，两地非遗传承人非常期待对方前来“走亲”，一同走出更好的非遗。

五、小结：人间烟火　幸福本源

民以食为天，非遗美食凝结了先民们的生活智慧。有了美食各放异彩，我们的一日三餐更有味道，生活才更加幸福。中国人的饮食背后，藏了多少非遗人对传统的坚守，对品质的不懈追求。正是这些非遗人问心无愧的坦荡，锐意进取的创新，丰富了亿万人民的美好生活，延续着这盛世人间烟火。

對話 8

非遗新生代　走进新时代

火暑渐过，金风送爽，“南工北艺话非遗”第八期聚焦新生代非遗人，来自北京、河北廊坊、浙江金华三地的五位年轻非遗传承人齐聚线上，交流探讨，碰撞火花。他们分别是北京玉雕传承人杨晓雅、廊坊市胜芳花灯传承人牛夺、东阳针刺无骨花灯东阳市级代表性传承人许宾、金华酥饼传统制作技艺传承人黄泳赫、东阳木梳制作技艺东阳市级代表性传承人陈浩归。

一、薪火相传的非遗使命

对于五位年轻的传承人而言，非遗是家传的事业和使命。本期直播伊始，他们细数家珍，分别介绍了自己所传承项目的基本情况和传承脉络。

“南工北艺话非遗”板块之“传二代圆桌派·非遗新生代的思辨”海报

杨晓雅介绍，北京玉雕是由清代宫廷技艺发展而成为“燕京八绝”之一的。清末，清王朝衰败，手艺人流落民间，聚集在前门、崇文门一带。从她的曾祖父到祖父，再到她的父亲，一代一代地传承，工作地址也从作坊变成了中华人民共和国成立以后的北京玉器厂。

牛夺介绍，胜芳花灯源于明朝中叶，繁盛于清代，鼎盛于清末民初。胜芳处在京津冀腹地，紧邻雄安新区白洋淀，有东西两淀，胜芳属于东淀，两淀连绵相连，同属于大清河水域。这种优良的自然条件涵养了丰饶的水乡物产，同时也孕育了丰富的水乡人文，孕育了花灯这项民俗文化的“活化石”。

许宾介绍，东阳花灯最早是放在浦江板凳龙上的花灯。龙舞（浦江板凳龙）是国家级非遗项目，一条条板凳上安装着各种各样的花灯灯彩，然后连接起来，到元宵节的时候，在村子之间进行表演，场面非常壮观。东阳针刺无骨花灯属于板凳花灯的一类，是浙江省非遗项目。它主要有两个特点：一是灯笼内没有骨架，二是灯笼表面图案是针刺成孔，透光而成。

陈浩归介绍，东阳木梳属于木文化的一个分支，他在大一时机缘巧合了解到了这项技艺，当时只有一位传承师傅，而且已经八十余岁，技艺濒临灭绝。陈浩归大学的专业是工艺美术，对这项技艺非常感兴趣，便拜老师傅为师，经过多年磨炼，传承下了这项技艺。

黄泳赫介绍，他已经是金华酥饼的第四代传承人，向上溯源分别是他的父亲、奶奶、太舅姥爷。传说金华酥饼的首创者是程咬金。当时程咬金为了母亲能够在战乱年代有个颐养天年的地方，到了江南。程咬金在江南开了一个烧饼店铺，以做烧饼为生。一天下午，突逢大雨，他担心母亲一人在家，便着急回家去照顾老母亲，结果忘记了炉里还有一炉烧饼。第二天程咬金到了自己的烧饼铺，发现烧饼铺外面围满了人。他才发现，原来经过一夜烘制之后，烧饼香气四溢，吸引了附近老百姓来围观，自此之后就有了酥饼。

二、他们眼中的传统与当代

牛夺首先分享，他自小接触的并不是传统花灯，而是现代声光电为主的花

杨晓雅

牛夺

许宾

陈浩归

灯，直到2015年，他才开始从事传统的非遗花灯制作。他最大的感受是在保护非遗的道路上要“守正创新”，在重新系统地学习老技艺后，他发现在设计、制作及现代花灯的施工等方面，老技艺给了他非常大的影响和帮助。他建议新生代非遗人应该回头多看一看，在保障前进方向的同时，多汲取老一辈的经验，这样才能更好地前进。牛夺认为胜芳花灯根植于当地民俗，制作的花灯多为当地人使用，所以风格更偏向于传统和保守。比如当地有个风俗，叫“头年鸭，二年瓜，三年小车往家拉”，是说新人结婚，第一年会送鸭子花灯，取“押中生大胖小子”的彩头；第二年送西瓜花灯，取“孩子出生瓜熟蒂落”的寓意；第三年送小车花灯，意味着“孩子健康成长，拉着小车往家跑”。还有八戒灯、小羊灯等造型，这些花灯只受当地百姓欢迎，有局限性。

许宾认为，各个地方都有花灯，但千篇一律，缺乏特色，各个地方都应该挖掘自身花灯的特点。限于疫情，很多大型灯会无法开展，许宾将原来的板凳龙微型化，取得了良好效果。另外，疫情期间，研学活动无法继续开展，种种情况下，他跨界制作了手持鱼灯，在单价数百的情况下卖了两千余条，成为网红产品。

杨晓雅早年留学国外，专修设计，本次分享了她对北京玉雕的思考。她认为传承应该“师古而不泥古”，所谓“师古”就是学习和保持传统雕刻技艺中的典型技艺，如圆雕、高浮雕、浅浮雕、镂空雕等；所谓“不泥古”就是借鉴古人传统生活情境，却不拘泥于传统陈规和限制，要面向现代的年轻人创作新题材。以往使用玉器的人群多为中老年人，杨晓雅则创作了诸多适合年轻人的玉雕作品，并向在场传承人和观众做了详细介绍。

陈浩归也展示了他的创新产品，一类是面向年轻人的，汲取东方传统元素和意象，比如“鲲·黑胡桃刮痧板”，取鲲尾形状，满足年轻人对材质和审美的需求；另一类则是与知名品牌联合，比如与知名养生专家路新宇联合研发养生套装；还有一方面，则是跨界合作，比如和“物道”“杜掌柜”联合制作古法手工美人香膏。

黄泳赫认为，酥饼从金华走向全国，仍有一段比较长的路要走，他说，非遗这个概念是锦上添花，他更愿意将酥饼做成大家平时都能接触到的小零食。为此，“小老黄”尝试与网红合作做了一次推广，3分钟卖出3万单，宣传效果很好。到北京会想到吃烤鸭，吃烤鸭就想到全聚德。他希望有一天，大家想到酥饼，就想到金华酥饼，吃金华酥饼就想到“小老黄”。

三、当非遗遇见互联网

新生代非遗人是怎么看待非遗跟互联网的？互联网可以给非遗带来什么？在面对互联网时，非遗传承人应该做些什么？

黄泳赫认为像金华酥饼这样的地方性食品，面临的问题是知名度不够，其他

黄泳赫在2020“婺风遗韵·上海金华周非遗展”上向领导嘉宾推介金华酥饼

地区的消费者不知道有金华酥饼。他认为应该通过互联网，让更多人品尝到金华酥饼的味道，进而产生兴趣去了解金华酥饼的文化底蕴，最终才可能形成忠实的粉丝群体。

陈浩归则分享了他如何利用互联网打造品牌的心得。首先是他选择了木梳这种和大家日常生活非常密切的产品，使用是对非遗最好的保护。其次将传统木梳和现代设计结合起来，满足甚至引领年轻人的审美，创新是对非遗最好的传承。最后他和线下实体店的博主进行协同合作，即与一个头发养护实体店的店主合作，店主拍了用他们的木梳给客人梳头发的视频，有数百万播放量，大大提升了木梳的品牌知名度。

杨晓雅表示她与陈浩归也有相似之处，比如通过降低玉雕成本，改进设计，降低价格，让玉雕成为年轻人也能负担得起的日常生活饰品。让玉雕从奢侈品转为轻奢品，真正地“飞入寻常百姓家”。

许宾的网红鱼灯是很多年轻人“打卡”时的必备物品。许宾毕业于杭州师范大学市场营销专业，刚毕业时做过期货销售、超市卖肉师傅，一边养活自己，

东阳针刺无骨手艺制作的鱼灯

一边用工资买灯笼制作材料，跟随师父磨炼技艺，最终被评为非遗传承人。他认为，青年非遗人首先需要踏踏实实做好传承，把传统技艺掌握好，之后才会有资源和机会出现，帮助其他青年非遗人成长。即使没有人支持，也要先坚守本职，做好手艺，等待机遇。终于，他潜心创作的鱼灯一举成为爆款，所在的工作室半年内营收百万。

同为花灯制作人，牛夺听完许宾的分享，感同身受，他表示许宾的故事对自己很有启发，特别是对于地方色彩浓重的非遗项目，如何把这个地方特色表达出来，拥抱互联网以获得更大发展空间，是需要深入思考实践的。

四、小结

日出东方，其道大光。新生代非遗人也如同冉冉升起的红日，通过继承先辈经验，结合自身视野，进行了诸多更适合当代人的创新，让古老的非遗生机勃勃地活在你我的日常生活中。

對話 9

非遗 IP　创意无限

金秋月圆，“婺风遗韵”系列活动之“婺风京韵”非遗线上走亲会——“南工北艺话非遗”系列活动第九期于2022年9月9日晚上线直播，这一期主要围绕非遗IP的当代思考与转化展开对话。由国家对外文化贸易基地（北京）、北京国际文化贸易服务中心副主任李媛媛老师主持，邀请了四位青年才俊做嘉宾，他们是“古婺窑火”品牌创始人方益进、四川文旅创意产业联盟IP文创专委会主任巩强、IP策划人——前“B站”短剧负责人李扬、《婺风遗韵·一梦归婺州（举岩）》非遗剧总导演赵琦琦。

“南工北艺话非遗”板块之“非遗向未来·非遗IP的当代思考与转化”海报

一、嘉宾简介

方益进是浙江省工艺美术大师、金华古婺窑火陶瓷文化有限公司总经理，从2009年开始，他着重在婺州窑项目传承和发展两个维度进行实践，不仅找到了自己的精神追求，还成功打造了“古婺窑火”品牌。他认为婺州窑虽然有两千多岁，但从创新角度看，它还很年轻，还有很多值得挖掘的内容，所以，他还将在婺州窑的发展和创新上不断探索。

赵琦琦很谦虚地介绍自己只是一个普通的文艺工作者，有幸参与了非遗工作，将非遗故事搬上了舞台，用演艺的方式去呈现，让更多人共享了非遗之美。这些年，从“婺风遗韵·水墨金华”一台戏到“婺风遗韵·一梦归婺州”悦夜之旅，再到《婺风遗韵·一梦归婺州（举岩）》非遗剧，他不仅仅在担纲导演非遗演艺活动，同时，也是在倾情打造非遗IP。他认为自己只是一个“宣传员”，用艺术语言演绎金华非遗，用人文情怀去讲述中国故事，用社会责任去弘扬中华优秀传统文化，让更多人认知非遗、爱上金华。

巩强是四川文旅创意产业联盟IP文创专委会主任，这个联盟在四川省文旅厅的指导下聚合了两千多家文化单位，包括高校、创意设计公司、文旅景区、产业园等机构，共同组建了一个创意产业联合体。文创专委会的核心就是围绕IP资源开发做专业领域的指导和服务。因为“IP”这个词在社会上存在泛滥现象，但在具体的执行过程中，很多人对于IP的内涵和外延，甚至合规性等问题都不太了解，因此文创专委会就站在行业角度做相关的研究工作。

李扬曾是媒体人、影视人，又做过互联网公司运营，他对自己的定位，第一个是“内容人”，第二个是媒体人，第三个是互联网人。他从这三个身份的视角看IP，认为IP是超级商业符号，有非常强的辨识度，包括声音、图像等方面。他认为在打造非遗IP时，会拆成几个维度，比如需要在氛围好的社群里设计它的商业路径，需要将IP本身内容打造成精品，这样才能将IP符号赋能到各行各业中。

二、关于非遗 IP 转化

李媛媛提到，非遗IP如何转化是很多非遗人困惑的问题，希望各位嘉宾结合自身实践和经验来支支招。

方益进：从单一产品到文化体系

方益进在金华市金东区有自己的文化场馆——“古婺窑火”思想品艺术馆，还建有婺州窑窑口博物馆、陶艺工坊及其他体验空间，他结合自己打造“婺州窑”和“古婺窑火”两个品牌的过程，认为每个IP都有不同性格，如同每个人都有不同秉性一样。打造“婺州窑”品牌时，他认识到婺州窑的一些独特标识，比如它有长达两千年的历史、婺州窑在各个阶段都有自己的特点，那在当代也应该与时俱进，有创新。于是，他结合金华本土工艺和材料，确定了一个重点发展方向，分步实施。第一阶段，五年重点解决如何产品化，如何让艺术和生活结合的

“古婺窑火”思想品艺术馆

问题。得益于自己多年前从事设计师职业的经历，他能从设计师语言介入传统工艺中，产生了一些天马行空的想法，再结合要将艺术与生活融合、将传统融入当代的理念，他发现可以用设计语言将茶器所承载的美学传递到当代生活方式中，最终有了第一阶段的成果——茶器系列产品。功夫不负有心人，这个系列的产品还获得了浙江省工艺美术金奖。第二阶段，方益进又陆续做了很多项目，比如用婺州窑来讲述婺州的城市故事，用陶艺梦工厂做陶艺体验，设立婺州窑文化馆，等等，逐渐进入从单一产品到构建文化体系的阶段。方益进认为，现在“古婺窑火”进入了第三阶段，需要融合更多创新，使品牌形成更独特的IP。

赵琦琦：“非遗+演艺”，打造文旅新IP

赵琦琦深耕艺苑20余载，参与策划、执导过众多演艺活动，起初并未想到会和非遗有不解之缘，然而当他走近非遗就一发而不可收了。他深感非遗是有温度的，而且自带光环，这就是中华优秀传统文化的魅力。这些年，他把大部分的精力倾注在非遗中，尤其对金华非遗格外用心，做了很多功课去了解金华的非遗项目，在组织演艺活动的过程中结识了不少非遗传承人，和非遗的感情也日趋笃深。在灿若星辰的非遗项目中，他遴选了传统音乐、传统舞蹈、曲艺、戏剧、游艺、民俗等适合展演的非遗项目，精心策划、匠心编排，舞台化包装、艺术化呈现，加之舞美视觉效果，动静结合、现场体验，沉浸式观演，让人耳目一新，“婺风遗韵”这个品牌得以唯美彰显。

“古婺窑火”玉青瓷茶具

赵琦琦是一个完美主义者，多年的艺术工作经验告诉他，艺术源于生活，舞台艺术赢在走入人心，观众看完节目后能在心里留下什么、又能带走什么，是他在策划非遗演艺活动时重点思考的。所以，他每一次都十分用心地去想如何能抓住观众的眼球、抓住观众的耳朵、抓住观众的嗅觉，让现场观众的每个感官都可以对非遗有感受，有触动，有惊喜。他希望只要一提到“婺风遗韵”就能让人想到金华，每当提到古窑就能让人想到婺州窑。

为此，他一直努力实践，在2020年“婺风遗韵·水墨金华”一台戏中，赵琦琦和编导团队着力打造非遗的差异化演出，大胆选用了金华市民和非遗传承人共百余名非专业演员参演，让社会各界不同年龄段的观众都能产生共鸣，喜欢欣赏接地气的金华非遗一台戏；在2021年“婺风遗韵·一梦归婺州”悦夜之旅中，他导演了沉浸式观演模式，利用金华府城隍庙的古建实景，打造了一个活色生香的非遗体验园，填充非遗项目内容，静态展示，活态展演，让观众印象深刻。进场后既可欣赏节目表演，行进式观演过程中还可随时和演员或传承人互动，是一场名副其实的“悦夜之旅”；在2022年《婺风遗韵·一梦归婺州（举岩）》非遗剧中，他重点围绕国家级非遗项目婺州举岩，衍生出“举眼茶”“爱情茶”“状元茶”的故事情节，其间融入婺剧、婺州窑、黄大仙传说等与茶相关的国家级非遗项目，融汇金华山、双龙洞、鹿女湖等婺州的美妙风

《婺风遗韵·一梦归婺州（举岩）》演出现场

光和民间传说。将金华府城隍庙营造成一个茶香四溢的非遗空间，运用光影科技、山水诗画、歌舞情境等艺术表现手法，将金华特色非遗、人文积淀和自然风光有机交融，讲述了“洞天福地仙人举岩”的非遗故事，让观众如入仙境，心有所动，情有所牵，享受视觉和心灵的饕餮盛宴。《中国文化报》刊文报道：“‘见人见物见生活’的非遗保护理念在该剧中完美实践，人与茶、人与人、人与自然的和美之情尽在其中，道出了‘一城山水一壶茶一梦归婺州’之意境，表达了非遗在金华——氤氲于山水、藏密于经纬、传承在市井、流淌在生活的现实图景。”

赵琦琦认为，经过这些年的“非遗+演艺”的实践，“婺风遗韵”已然成为金华文旅新IP，接下来应该考虑如何走出去，实现IP效益最大化，转化为文旅经济增长点。

巩强：IP开发需要系统化流程

巩强系统梳理并自述了从事非遗IP开发的经历：自2009年中国非遗节永久落户成都，他就开始做非遗了。当时策划了国内首例非遗综合性常态展馆，后来成为成都国际非遗博览中心，这期间的关键词是“展陈”；2014年之后的5年，他在怎样开发非遗方面做了大量探索，做了古来美集电商、“互联网+非遗”专题展、中医进校园非遗主题常态展，等等；2019年，他又策划了中国非遗创意设计作品授权展，这次展览也非常成功，获得大量的媒体报道和关注，通过这次展览，他确立了非遗核心价值在非物质，而不是在物质的观念。因此，非遗IP转化，他首先考虑到的是符号授权和转化。

经过若干年的思考和实践，巩强认为并不是所有非遗项目都适合授权开发，需要从人、财、物三个维度考虑。首先，很多非遗传承人缺乏专业的商业知识和现代设计理念；其次，授权开发前期有一定成本投入；最后，大部分非遗不是刚需。另外，非遗版权非常容易出现纠纷，更需要谨慎处理。

回顾多年心路历程，巩强说，非遗开发远不能停留在产品开发层面，最终要回到IP开发。既要考虑具体非遗IP适不适合开发，还要考虑开发价值有多大。国内IP开发问题较多，比如有非常好的文化资源，但是开发不充分；非遗传承人有非常好的口碑，但是商业意识薄弱，商标被抢注现象屡见不鲜；等等。因此，他认为IP开发需要的不仅仅是一个形象和创意，而是一整套系统化的流程。

李扬：孵化非遗IP的三个关键

李扬从非遗和IP融合角度，结合孵化IP经验，认为孵化非遗IP有三个关键点。

首先，符号需要有熟悉的陌生感，就是要有普遍被大众认知的背景，在这个背景下，创造出新的形式。比如绝大多数人都知道四大名著，当四大名著第一次被搬上荧幕，就引发了一轮收视狂潮，因为大部分人都知道四大名著。其次，要从社会和社群的角度，唤起大众广泛的情感共鸣。最后，商业化过程中，要创造丰富的衍生品，让大家能在不同场景中使用产品来更好地体验非遗IP。

李扬以游戏《原神》为例解释以上三点，当《原神》游戏更新了《神女劈观》资料片时，在全球玩家中引发了非常大的反响，更新当天实现了全球苹果商店霸榜。国外玩家对《原神》这款游戏很熟悉，但不了解京剧，看过这段资料片后，对京剧产生了极大热情。

游戏《原神：神女劈观》资料片

三、案例分享

非遗IP，创意无限，各位嘉宾结合非遗IP如何开发和转化作了案例分享。

方益进首先讲了他们在2009年所做的博物馆授权产品。良渚文化在环太湖流域，是中华文明的一个基础。它最有代表性的符号是玉琮，玉琮在良渚文化中是祭祀天地的礼器，方益进将其设计成茶器等系列器物，里青外白的材料、玉琮形象结合实用茶器，使得艺术和生活能非常好地融合在一起，还能让使用者了解良渚文化，让非遗活在日常生活中，这系列作品也获得了浙江工艺美术金奖。接着，他又讲解了他们做陶艺梦工厂的思路。他们设计了一个陶艺空间，可以同时容纳800个孩子。儿童天生爱玩泥巴，孩子在城市里接触泥巴的机会很少。这里可以让孩子们在玩泥巴的同时体验到陶瓷文化，培养兴趣。每年数万个孩子参加活动带动家长将体验分享到朋友圈，获得了更大影响力。方益进还简单分享了城市文化馆、体验空间等实践经验。

赵琦琦播放了《婺风遗韵·一梦归婺州（举岩）》非遗剧的视频片段，让大家更直观地感受通过舞台演绎呈现出的非遗之美。他介绍了这一系列非遗演艺作品的创作历程：在第一版演出中，是将各种非遗项目、产品搬上舞台，供观众欣赏，舞台旁设置销售区，这样从展、销、演三个层面把非遗活动的多元化展现在大家眼前，动静结合，见人见物见生活。其间，有设计局部的体验感，比如在婺州窑这场演出中，有婺州窑陶瓷烧制技艺国家级传承人陈新华老师带着几位徒弟现场拉坯，还原非遗技艺的展示，观众跟演员零距离接触，真正的沉浸式，生活化，可观可赏可亲近。接着，第二版全面升级为沉浸式非遗体验剧，从入门迎宾到最后离开，每一个环节都在讲非遗故事，在演出的最后环节，设置了一个非遗市集的场景，引领观众看完演出后逛市集，非常受观众喜爱。这一版非遗剧的演出地金华府城隍庙正在往金华的网红打卡地方向培育。

巩强则分享了他开发非遗IP的系统性流程，首先，分多个层面多个维度评估IP，解决IP到底是不是适合做内容开发、开发先后次序等问题。其次，确定了可进行IP开发后，解决如何确权、授权的问题。最后，对个人、群体、政府等不同对象，结合具体情况，使用不同的开发系统。

他总结了三个IP产品包，包括IP资源开发包、IP资产管理包、IP场景营造包。使用IP资源开发包完成非遗资源的摸底、调研、评估，形成顶层规划，制定投入资金、开发节奏、营销路线、运营策略等。使用IP资产管理包将对文化资源的短期开发变成文化资产管理，实现长效经营。使用IP场景营造包，根据IP情况打造IP适合的应用场景。接着，以IP资源开发包中的评估环节和营销环节为例，分别详细介绍了方法。在评估环节，会从可行性、延展性、差异性、相关性四个维度评估一个非遗IP的商业化机会。在营销环节，巩强以成都市非遗公共品牌“成都手作”为例，讲解了如何营销。该品牌以“品牌+项目+传承人+产品+旅游+互联网+农商融合”的模式，以“市场传承技艺，消费检验产品”的理念，通过统一品牌策划、包装、管理、产品研

《婺风遗韵·一梦归婺州（举岩）》非遗剧

发、服务等环节，走线上线下融合的路子，在成都设立了近20家线下店，成为成都“十四五”规划的文旅项目。

四、小结

本期嘉宾交流探讨非遗IP开发与转化，也给南北非遗人带来了不一样的思路和可能。这份“可能”能否让中国非遗更上一层楼，需要交给历史去验证。但这样的交流，无疑让中国非遗愈加焕发出独特光彩。非遗未来如何，且让我们拭目以待。

對話 ⑩

风从金华来　看见中国美

2023年1月14日，北方小年，“‘京韵·婺风’——非物质文化遗产南北交流展”在国家大剧院艺术馆（西厅）开幕。展览荟萃北京、金华两地最具代表性的非物质文化遗产项目30余个，共220余件（套）展品，其中金华有17个非遗代表性项目、113件（套）非遗作品参展。本次展览由国家大剧院、金华市文化广电旅游局共同主办，金华市文旅发展和非遗保护中心承办；特邀中国工艺美术学会、北京博物馆学会作为学术支持单位；并由北京市通州区文化和旅游局、北京燕京八绝博物馆、北京金漆镶嵌艺术博物馆、河北廊坊非遗志愿者团队、浙江婺剧艺术研究院、金华市“古婺窑火”思想品艺术馆、黄小明木雕艺术博物馆、何福礼竹编艺术馆、永康锡雕馆、浦江民间工艺博物馆等多家单位协办。

2023年2月10日，“‘京韵·婺风’——非物质文化遗产南北交流展”线上活动——线上非遗“南北交流”如期登场。

“探秘‘京韵·婺风’——非物质文化遗产南北交流展”海报

本次线上“南北交流”立足北京、金华非遗保护工作实践，组织京、金两地的文化部门领导、非遗代表性传承人、社科院（联）专家等，围绕非遗与文旅融合、传承与创新、京韵与宋韵等话题进行南北对话，以期展现非物质文化遗产的独特魅力，弘扬中华优秀传统文化，推动南北非遗交流互鉴、共享共创，助推传统文化创造性转化、创新性发展，为南北非遗和旅游深度融合发展提供更多支撑。

线上非遗“南北交流”第一期以探秘“‘京韵·婺风’——非物质文化遗产南北交流展”为主题，由国家大剧院艺术品部副部长、联合策展人杨学晨，中国工艺美术学会非遗工委会副秘书长、非遗策展人李媛媛两位老师，按照“传世典藏·再现宫廷技艺”“婺风遗韵·宋韵千年重现”“归去来兮·南北和合交融”三大板块，从北至南、由古至今，导览式讲解“‘京韵·婺风’——非物质文化遗产南北交流展”，让京、金两地的陶冶烧造、五金錾锻、雕镌塑作、织染纫绣等传统工艺及代表作通过第三者的旁白，跨越时间、地域，来一场物与物的对话，讲述南北非遗故事，展现“燕京八绝”、八婺百工之神韵，彰显非遗独特时代价值。

婺风

對話 11

婺风遗韵 & 燕京八绝

2023年2月24日晚7：00，春之将至，夜色微阑，非遗“铁粉”们静候多时，一场非遗线上对话，酣畅淋漓。当“婺风遗韵”遇上“燕京八绝”，这是一次别开生面的南北非遗碰撞。本期活动特邀金华市文化广电旅游局党委委员、副局长宁维茂，国家大剧院艺术品部副部长、副研究员杨学晨，北京燕京八绝博物馆党支部书记王雪梅，龙顺成京作非遗博物馆馆长南红国四位大咖担任对话嘉宾。现场氛围轻松活泼，全程讨论热烈而深入，给现场观众奉献了一场非遗视听盛宴。

“当‘婺风遗韵’遇上‘燕京八绝’——非遗与文旅融合”海报

话非遗

一、金京遗韵　前世今生

“婺风遗韵·水墨金华”非遗一台戏

婺风遗韵　璀璨夺目

金华古称婺州，建制已有2200余年，被誉为“小邹鲁”，山清水秀、人文风雅，是国家级历史文化名城、中国十佳宜居城市，也是浙江非遗高地。宁维茂副局长对金华的非物质文化遗产如数家珍，婺剧、东阳木雕、金华火腿腌制技艺、婺州窑陶瓷烧制技艺等娓娓道来。其中，国家级非遗代表性项目36项，省级非遗代表性项目116项，市级非遗代表性项目481项；国家级非遗代表性传承人26名，包括婺剧的陈美兰、东阳木雕的陆光正、锡雕的盛一原等，省级非遗代表性传承人175名，市级非遗代表性传承人576名。金华的非遗项目及省级以上的传承人数量，均位居浙江省前三。

宁维茂介绍，凭借丰富的非遗资源，2020年以来，“婺风遗韵”非遗品牌不断迭代升级，经过三年多的倾力打造，目前已成为集“会、展、戏、剧、游、课、赛”等多位一体的综合性非遗品牌，覆盖金华，辐射全国，为各地群众提供了丰富的精神文化精品，线上线下服务人群达1300万人次，实现非遗销售达4000万元。该品牌于2020年度获得博鳌国际旅游年度奖非遗特别奖、非遗创新奖，同时也是浙江省委宣传部、浙江省文化和旅游厅的重点活动品牌。

燕京八绝　皇家风范

北京是一座历史文化名城，有3000多年的建城史和800多年的建都史。历史上人文荟萃，工匠云集。王雪梅书记介绍，“燕京八绝”是皇家文化、首都文化。清康熙初年，内务府造办处成立。当时从全国各地挑选最优秀的工匠进入宫廷服务皇家。鼎盛时期的造办处有42座，“燕京八绝”就是其中的8座，有200多位能工巧匠。清王朝没落后，造办处的工匠们流落到民间，逐渐在北京地区形成了金漆镶嵌、花丝镶嵌、景泰蓝、牙雕、玉雕、雕漆、京绣、宫毯八种绝技，史称“燕京八绝”。

钟连盛介绍景泰蓝作品

现在，这八项绝技均为国家级非物质文化遗产，也是我国传统手工技艺的集大成者。2010年，由国家级非遗保护传承单位北京金漆镶嵌有限责任公司牵头，百位“燕京八绝”的工美大师和非遗传承人共同携手成立了北京燕京八绝文化发展有限公司。同年，又在京西石景山的千年古刹承恩寺建成了北京燕京八绝艺术馆。

为了让更多在幕后的大国工匠有机会走到台前，与群众近距离互动交流，该馆开展了大量的主题文化活动。比如，“燕京八绝”艺术精品巡展，立足北京，面向全国，走向世界，广泛传播中华优秀传统文化。“燕京八绝”非遗文化校园行，则是该馆近些年重点打造的文化IP，希望在青少年的心中种下文化种子，坚定文化自信。

2015年，“燕京八绝”百位大师再次携手建立了北京燕京八绝协会。至此，“燕京八绝”形成了三位一体的整合型发展架构。即燕京八绝协会，汇集大量大师资源；燕京八绝博物馆，负责打造品牌IP；燕京八绝文化发展有限公司，负责市场化运营。这在非遗文化传播、非遗技艺传承和非遗人才培养方面，都起到了至关重要的助力和引领作用。

经过传承人十年的努力，北京燕京八绝艺术馆于2020年正式完成了备案审批手续，升级为北京燕京八绝博物馆。而承恩寺于2006年被确定为全国文保单位。承恩寺因与“燕京八绝”的结合，在业界又被称为“小故宫”。为了建成这家博物馆，百位工美大师和非遗传承人捐赠了436件（套）藏品，凝聚了几代人的心血。北京燕京八绝博物馆于2021年7月正式对社会开放。

京作家具 瑰丽华贵

南红国介绍京作家具

龙顺成京作非遗博物馆位于永定门外，由金宇集团于2022年投资建设，总投资1.5亿元，是国内首个系统展示京作非遗文化的专题博物馆。

南红国馆长表示，京作家具是我国非常重要的传承技艺。京作非遗博物馆主要通过北京文化符号，讲述北京故事，传递中国生活文化。

和“燕京八绝”一样，龙顺成的起源也与清宫造办处有关。1862年，龙顺成的首任掌柜从清宫造办处出来，在天坛北门，即鲁班胡同，创办了龙顺桌椅铺。鲁班胡同原先是众多木作匠人的聚集地，中华人民共和国成立之初保存下来的铺子有35家。后来这些木作匠人全部合并到龙顺成，龙顺成成为北京京作家具的唯一传承品牌。

从1966年到20世纪80年代末，龙顺成一直专注出口创汇。在早期，龙顺成每年的营销额超30万元，20世纪80年代初达600万元。当时在国内，人们必须用外汇才能买到龙顺成的京作家具。

龙顺成京作非遗博物馆主要展示的是京作家具的代表性藏品。比如，朝服大柜，以及一些原先从宫廷流落到民间的家具，还有自中华人民共和国成立以来为国家重要项目或国家工程所做的一些国家重器。每一件家具的纹饰都非常精美，主要用料为金丝楠木、紫檀木、黄花梨等。

目前博物馆内正在进行的展览——京作硬木家具文化展，包括明清宫廷家具发展史、京作硬木家具发展史、清末时期北京天坛鲁班胡同街巷的复原、中国硬木宫廷家具艺术、京作硬木家具制作技艺、国家重要历史事件定制的大国器物等板块。

二、南北碰撞　策展破题

国家大剧院的杨学晨对于组织本次策展活动非常感慨，因为2022年12月22日，是国家大剧院正式对外运营15周年的重要日子，而“婺风·京韵”展览所产生的南北文化的碰撞，为大剧院带来了新的突破和风向。

实际上，国家大剧院是国家最高的艺术殿堂，不仅是演出场所，还举办艺术展览，如绘画、雕塑、设计、摄影等视觉艺术，是兼具文化、艺术、旅游的综合展示平台。2009年开始，举办过一系列关于传统文化的展演，如皮影戏、河北禹县剪纸、贵州傩戏面具等，但都仅仅专注于某一个项目或某一个地区的传统文化。

2022年底，“中国传统制茶技艺及其相关习俗”入选联合国教科文组织人类非物质文化遗产代表作名录（下称“人类非遗”）。对此，习近平总书记作出新的指示，要推动中华优秀传统文化创造性转化、创新性发展。

因恰逢国家大剧院15周年庆，杨学晨和李媛媛以及金华市文旅发展和非遗保护中心主任任文俊一起开始策划更高规格的展演活动，于是联袂运河文化南端的浙江非遗——婺风遗韵，与“燕京八绝”形成南北呼应，意在通过非遗文化绽放更灿烂的文明之光。

惊喜的是，国家大剧院在春节这一旅游淡季，仅一个月参观量就达3.5万人次。大家明显感受到群众对非遗的关注和对非遗手工体验的热情都非常高。经过本次策展，国家大剧院进一步夯实了“展、讲、演、研、做”五位一体的运营模式，也为日后非遗展览插上更有力的传播翅膀。

三、展品故事 惊艳精彩

婺风遗韵：匠心力作，文化“金”华

本次展览，共展出具有北京韵味、金华特色的非物质文化遗产项目30余个，作品220多件（套）。其中，金华展出项目17个，作品113件（套）。

宁维茂表示，每一件作品都是匠心力作，每一件作品的背后都有深刻的内涵和寓意。比如，东阳木雕传承人吴初伟的《八骏图》，是以周穆王游昆仑山时为之驾车的八匹骏马为题材而创作。同为东阳木雕国家级传承人的黄小明，展出作品之一《心经》，有12位修行者，或立或坐或卧，形态各异、栩栩如生，彰显出黄小明的精湛技艺。底座上面镌刻的260个字是《般若波罗蜜多心经》。还有国家级传承人蒋云花的麦秆剪贴《十全报喜》、锡雕国家级传承人盛一原的锡画《十二生肖》、婺州窑陶瓷烧制技艺国家级传承人陈新华的婺窑青釉堆塑《茶花盘》，以及本次展览的网红作品——东阳针刺无骨花灯，这些都是金华非遗作品中的精品。

再比如，浦江剪纸展出三幅代表作，分别是《浦江迎会》《京杭大运河》《富春山居图》，作者是国家级传承人吴善增，老人家已经92岁高龄。为了使作品在本次展览中顺利展出，老人家不辞辛劳，奔波200多千米，从杭州回到浦江老家，陪着非遗工作人员一件一件挑选作品。其中，《浦江迎会》创作于2001年，耗时五个月，当时吴善增先生已经70岁。这件作品以阴剪手法为主，融合浦江所有的剪纸技法，曾先后到西班牙、中国台湾和澳门等地展出，是难得一见的艺术精品。

金华非遗作品：剪纸、木雕、花灯

宁维茂声情并茂地介绍，《浦江迎会》是剪纸作品，“浦江迎会”本身也是一项国家级非遗项目，在浦江俗称抬阁，是集戏剧、杂技、舞蹈、音乐、雕刻等多种艺术形式于一体的传统民俗文化活动。浦江举办抬阁活动时，惊险奇妙，人山人海，大家喜闻乐见。抬阁活动中的古装戏曲人物全部是由真实鲜活的孩童扮演，粉雕玉琢，非常可爱。

此外，在本次展览中，金华还提供了一对父子传承人的作品。父亲何福礼是东阳竹编国家级传承人，儿子何红兵是东阳竹编省级传承人，他们展出了《关爱》《提篮》《书香》等作品。其中《关爱》描绘了大的松鼠绕窝盘旋，向下凝望窝里的三只小松鼠。这是何福礼为纪念香港、澳门回归祖国，期盼台湾早日回归祖国而创作的作品，极具现实意义。

杨学晨老师补充道，作品《关爱》也成了这次展览的网红作品，各种竹编的编织方法深深打动着观众。这次展览，可以说是打开了北京观众了解浙江金华非遗的一扇窗口，不同地域的文化交融，可以更好地促使人们增强文化自信，讲好中国故事。

燕京八绝：国之重器的代表

对于本次参展，北京燕京八绝博物馆举全馆之力，精心挑选了四件精品：八吉祥银锭套盒、《春意盎然》屏风、文房四宝盒、龙凤纹多捧盒。它们在工艺用料、器型等方面各具特色，足以代表“燕京八绝”。

王雪梅详细地介绍了每一件作品。八吉祥银锭套盒是明星馆藏的“明星”展品，多次出现在国家重大外事活动中，也曾作为国之重器前往美国、德国、法国进行文化交流。在过去，它是皇家用来盛放花生、瓜子等干果儿的器物，主要体现了金漆镶嵌、雕填彩绘和百宝嵌等工艺。整体器形唯美，工艺用料讲究，顶部是天然玉石、牛骨镶嵌的各种花卉图案，主体部分是金粉彩绘的万字锦底纹，还有佛教“八宝”（轮、罗、伞、盖、花、罐、鱼、肠），都是由天然玉石手工制作镶嵌而成的。其中最精细之处在于棱柱上的芭蕉叶，采用雕填彩绘工艺，先用钩刀在漆胎上勾出纹路，再往里填彩色的漆和金，最后形成立体璀璨的效果。每当国际友人亲眼看到这件展品并现场聆听介绍时，他们常常露出惊叹的表情，一方面是赞叹精湛技艺，另一方面是对中国自古追求高品质生活的感叹。在王雪梅看来，这就是中国文化自信的实际展现。

《春意盎然》屏风，五扇相连，采用金漆镶嵌、百宝嵌、刻灰、彩绘等多种工艺制作而成。在古代，屏风是身份地位的象征之一，除了具备装饰展示、空间隔断等功能外，还兼具藏风聚气、调节阴阳、阻挡灾祸的寓意。这件作品的创作结合了天地万物皆由阴阳五行所化等中国传统文化理念，是一件五行俱全的经典作品。首先，它是金漆工艺，金漆属金；黑框的黑在五行里属水；中间嵌的芯是金丝楠木，属木；下方的底座是红色的，属火；底座托起的百宝镶嵌的宝石，属土。因此，金生水、水生木、木生火、火生土、土生金，五行相生，寓意非常吉祥。此外，在制作过程中，还采用了中国传统的木雕工艺、榫卯工艺进行衔接。此类较大型的作品，融合的工艺较多，还包括玉石雕刻、象牙雕刻、金漆彩绘雕填等。这不仅需要纯熟的工艺技法，还需要各工种技师之间的默契配合。

王雪梅总结道，“燕京八绝”自古服务皇家，所以技艺比较繁复，用料比较珍贵，一般主体都是金银玉石、海南黄花梨、金丝楠木、紫檀木等名贵材料，承载着厚重、丰富的文化内涵，独具宫廷文化特色。

杨学晨老师观察到，在展馆现场，观众对景泰蓝的反响也特别好。比如《盛世欢歌》，这是习总书记赠送联合国日内瓦办事处的一件国礼，整个造型端庄，纹饰讲究，有孔雀、蝙蝠、蝉、菊花、牡丹、玉兰等中国传统祥瑞图案，引起了大家的共鸣，同时也被它的体量所打动。当然，观众对34件玉雕作品也产生了浓厚兴趣，比如作品《福禄万代》是传承人用了8年时间精心打造而成的。还有一件葡萄常料器《步步高升》，用玻璃制作的水果霜非常逼真，这是一个独门绝技。

龙顺成京作：格物之致，匠造之擢

南红国重点介绍了紫檀龙床，这是国内最大的一张龙床，由龙顺成大国工匠刘更生老师历时3年雕刻而成。龙床原物现保存在颐和园。有意思的是，龙床上雕刻着80条龙，创作者意指加上睡在龙床上的皇帝，一共就是81条龙。龙床两边是千蝠柜，用料均为紫檀，柜面上雕刻的上千只蝙蝠采用高浮雕的形式，非常精细，可以说是中国工匠文化精神的体现。

“龙顺成的家具百年牢”，在南红国看来，尊重传统，保留技艺，非常重要，值得更多的关注和重视。

主持人李媛媛发现，在国家大剧院这样一个展示空间，文化多样性展现得淋漓尽致，并不是简单地将北京、金华两地的展品陈列出来。比如龙顺成紫檀龙床和东阳木雕的龙椅，就有一定的关联性。国家级传承人、中国工艺美术大师黄小明老师当时带着70名东阳工匠来到北京故宫修复龙椅，非常震撼。展厅现场展示的就是龙椅的缩小版。细心的观众可以发现，在非物质文化遗产的一个项目中，就有千变万化的多样性。通过这些作品，还不难发现“京·金”非遗的区别。北京非遗，大多来自宫廷造办处，极尽天下能工巧匠，以最好的材料汇聚北京而形成；而金华非遗的作品大多源于自然，寓意深远，工艺精湛。婺风京韵不同的魅力由此绽放。

四、文旅融合　非遗赋能

南红国：文旅探索不止步

对于非遗未来的发展，南红国提出了诸多思考：文旅融合大背景下的客户群、产业模式、产品设计及传统文化的传承方式等都发生着改变，而非遗始终要和生活紧密结合，才能走得更远，否则未来只存在于视频资料中，子孙后代只能看到老祖宗曾经的辉煌。

如何让非遗更有生命力地传承下去，南红国曾带领团队在北京地区做过市场调查。调查发现，国内的文化市场实际上存在很大的缺口，疫情结束后，本土文化兴起，文旅市场出现了更多新的消费方式，比如，综合沉浸式消费、亲子家庭体验式消费、偏向女性的文化消费、计划型消费等。他表示，随着时代的变化，生活方式随之变化，消费群体的年龄层及他们不同的精神世界，将不断影响着文化市场的走向。

因此，他认为文旅融合、非遗赋能必须与时俱进。目前，他们正在打造以龙顺成京作非遗博物馆为核心的文化园区，链接大师资源、艺术品牌资源、非遗资源、北京文化的代表性资源，形成非遗教育、家具定制版权IP、古家具鉴定销售等于一体的产业生态，观众可以通过多种形式与非遗面对面。

除了“请进来”，他们还积极“走出去”，比如，将鲁班学堂内的文创产品设计成劳动课的形式，走进课堂、社区、商圈，拉近非遗与大众的距离，让大众有更多机会深度了解非遗、获得手作乐趣、寻找创新灵感，这也是向外输出文化品牌的一种方式。

宁维茂：共同富裕才是目的

宁维茂表示，非遗赋能可以分两个层面来讲，一是实现文旅融合，二是达到共同富裕。

在金华，非遗项目与著名景区的融合做得较为成熟。目前金华全市有省级非遗景区25个，市级非遗景区109个。比如，有1700多年历史的古子城，是金华的城市之根，聚集了太平天国侍王府、八咏楼等国家和省级文保单位5处，每天游人如织，同时也是美食、休闲、娱乐的聚集地，既能品尝到汇集了金华八大县市的不同小吃，还能参观金华火腿、金华酥饼、金华酒等非遗项目的博物馆，在这里还可以遇到丰富的非遗市集、精彩的非遗演出。而婺剧院就与古子城隔江相望，国家级非遗项目婺剧已连续6年登上春晚，演员楼胜、杨霞云都是“梅花奖”获得者，他们既要送戏下乡，为十里八乡的老百姓送去精神文化，还要走出国门，在非洲、南美以及“一带一路”国家，留下婺剧声声。金华双龙风景区是AAAAA级景区，曾出现在叶圣陶《记金华的双龙洞》一文中，是国家级非遗项目“黄大仙（初平）传说”的起源地，也是2022年12月被评为人类非遗的婺州举岩的种植地。此外，还有永康方岩胡公大帝景区与方岩庙会的结合，磐安花溪景区与磐安炼火的结合。

浙江是共同富裕先行省，浙江非遗又是我国的非遗高地。金华的非遗工作、非遗项目位居全省前三。所以非遗赋能共同富裕，正是题中之义。

举例来说，在东阳，依托中国木雕小镇、文化创意街区等载体，形成影视、木雕、古建筑等特色产业集群，年产值超千亿元，带动就业超20万人。东阳非遗助力共同富裕，已经在基础条件、网络架构、产业协作等方面做得非常扎实，未来还有更大的提升空间，这是百尺竿头，更进一步的事情。

武义依托绿茶制作技艺、中药炮制技艺，春香茶、五阳春雨、寿仙谷等品牌纷纷建立非遗工坊，已经形成27亿多元的产业规模，为周边的茶农、药农提供就业岗位1000多个，帮助农民增加实实在在的收入。

中国五金城永康，通过锡雕、石雕，以及铸铁、打金打银等五金技艺，为当地产业发展、共同富裕起到了重要支撑作用。

磐安有云峰茶炒作技艺、磐五味（中药材）生产加工技艺，都在通过传统技艺助力当地百姓共同富裕。所谓创造性转化、创新性发展，通过探索实践在金华各地百花齐放。

王雪梅：专注自身资源，专业打造品牌

王雪梅介绍，磨石口历史文化保护区是北京燕京八绝博物馆的所在地，古建筑、民宿、体验店、旅游街区等文旅生态丰富。经过时间积淀，区域文化多样性得到充分体现。历史文物与时代文化，物质文化遗产和非物质文化遗产，非遗保护的创新发展与当代的传承，在此都形成了完美融合。政府与企业合作开展文化办馆，打造当地文化地标，是一次非常成功的尝试。

北京燕京八绝博物馆始终专注自身资源和优势，通过最大程度地展现展品，讲好文化传承故事，做好文化传播的使者，服务好每一位走进博物馆的游客，让来过的人不想走，让没来过的人心生向往，形成浓厚良好的文化氛围。王雪梅认为如此就是对文化和旅游融合最大的贡献。

目前，北京燕京八绝博物馆以实物展品整体营造了宫廷文化氛围。一方面，通过沉浸式、场景式体验，带来强烈的视觉冲击力，游客身临其境感受文物真迹和精美的大师工艺品，自发在小红书等各种自媒体平台上传播，非遗文化得到迅速传播。另一方面是“燕京八绝”的活态传承，游客可以在馆内大师工作室目睹、感受制作器物的过程，与大师交流作品的创作理念和背后故事，这一板块深受青少年群体的喜爱。

尽管北京燕京八绝博物馆的文化属性比较小众，但它的文化特色和场馆服务，却能彰显它的与众不同，目前已经形成了一定的品牌影响力，丰富了景区的

“京韵·婺风——非物质文化遗产交流展”的现场观众

文化结构，同时也拉动了磨石口文化街区的整体旅游效应，2022年度被评为网红打卡地。文化带动旅游，旅游反哺文化，相辅相成，互相影响。

五、小结：文化本同源

夜色阑珊，相谈甚欢。当“燕京八绝”的独特魅力遇上“婺风遗韵”的清雅秀色，于是绽放出中华民族文化同源的璀璨之光，照亮了遥远的星空，也照亮了人们心底的自信。当一代又一代工匠传承着宝贵的非遗技艺，无论是金华府城隍庙、千年古刹承恩寺，还是在国家大剧院，所有精美绝伦的作品、藏品，都以“非遗”的名义，为文化加持，为时空注释。当现代的人们披着婺州扎染的服饰，背起东阳竹编的包包，出发京城，在古银杏树下赏“燕京八绝”，又有人戴着金镶玉的首饰，来到古子城，端起婺州窑的茶杯品举岩茶……穿越古今，南北互通，山水人文、美食佳酿，共叙佳话，共享文旅成果，梦想已然走进现实。

對話 ⑫

非遗花灯　赋彩中国

2023年3月10日，元宵节刚过去一个多月，万物生发，高挂的灯笼还在延续着新年的热闹与喜庆。晚上7：00，一场关于灯笼的南北对话正在直播间上演，主题正是“灯火里的中国——非遗花灯赋彩中国”。本期对话特邀嘉宾有胜芳灯会河北省级代表性传承人牛俊启，北京宫灯代表性传承人翟玉良，东阳竹编浙江省级代表性传承人、中国传统工艺大师何红兵，东阳针刺无骨花灯代表性传承人、浙江省灯彩协会副主任许宾。

一、历史背景下的灯彩文化

北京宫灯：从远古走来，照亮皇宫

宫灯，顾名思义，宫廷御用灯具。

“灯火里的中国——非遗花灯赋彩中国”海报

翟玉良介绍，其历史可追溯到没有电力的远古时代，一根木棍加一个围挡，就是宫灯的最早雏形。1968年出土的西汉长信宫灯，被称为“中华第一灯”，将

画珐琅玻璃大吉葫芦式挂灯、红漆镂雕镶嵌牛角画龙纹绣球式庆成灯、清代明角灯（故宫博物院藏）

环保理念融入宫灯，值得现代人学习。

翟玉良从事北京宫灯制作已40多年，从学校毕业到退休，一直深耕这一传统手艺。他的师傅是老字号文盛斋的手艺人。文盛斋创办于1806年，1915年巴拿马万国博览会，文盛斋获得两块金牌，有着非常辉煌的历史。

北京东城区著名的灯市口，就是一个与灯有关的地名，过去是给皇宫做灯笼的地方，同时还会举办一些灯会、灯展，做一些花灯的买卖，秀珍斋、华美斋、文盛斋都集中于此。现在的灯市口地铁站附近，商业非常发达。

北京宫灯主要根据北京这个地方的皇家特有文化来设计，广泛应用在皇宫内，后来皇上将宫灯赏赐给大臣们，宫外的一些王府、衙署、庙宇才渐渐挂上宫灯，实际上也是身份地位的一种彰显，意义深远。

北京地区的上元灯会、地坛庙会、龙潭庙会等灯会一直延续至今。过去皇上抽空也会赏灯、猜灯谜，以灯会的形式带动地方美食、舞龙等多姿多彩的民间文化生活。这也是北京地区特有的传统文化之一。

东阳灯彩：宋韵风雅孕育多彩灯彩

东阳竹编源远流长，上溯自原始社会的实用竹器，宋代就以编织元宵节的龙灯、花灯、走马灯著名。

何红兵认为，由此可以证明，在宋代之前，东阳一带就有手艺人专门从事民间的龙灯、花灯之类的制作。直到如今，受宋韵文化的熏染，包括东阳在内的婺州大地，逢年过节仍有灯彩的展示活动，静态的、动态的，形式多样，为老百姓提供视觉享受，丰富老百姓的精神文化生活。东阳舞龙灯的习俗由来已久，今年春节期间，东阳各地板凳龙就有70多条。

东阳卢宅古建筑群，被称为民间故宫，其中就有著名的大堂灯，形似宫灯，将竹丝镶嵌等竹木工艺运用到极致，同时融入彩绘、琉璃珠等，体现了东阳百工之乡的特色。卢宅最大的大堂灯曾获吉尼斯世界纪录，每四年才悬挂一次，难得一见。

东阳的板凳龙（灯）、大堂灯、走马灯、针刺无骨花灯，都是民间艺术的具体体现，造型设计开放自由，没有约定俗成的固定形式。

胜芳花灯：源于明，兴于清，时空交互，灯火不灭

牛俊启首先对胜芳这一地名进行了介绍。

胜芳镇，隶属于河北省廊坊市霸州市，位于冀中平原腹地，京津保三角地带的中心位置。胜芳的自然地理环境受北方水系影响，小镇南部紧靠大清河，中亭河永济渠交汇于此，属于海河流域，曾经是北方著名的水乡重镇。因该地盛产莲藕、鱼、虾等，风景秀丽，气候宜人，故有“胜水荷香”之称，胜芳一名由此而得。胜芳文化是大运河文化带的代表之一。

胜芳花灯，起源于明朝中叶，兴于清代，繁盛于清末民初。

胜芳花灯及胜芳灯会的发展主要有两个重要节点：1920年左右和1980年左右。1920年前后，胜芳花灯的材料、工艺、题材都比较稳定。胜芳距离天津较近，走水路35千米，路况好的情况下一天就能到。正是受天津的影响，胜芳花灯的制作开始使用铁丝铅丝等材料，同时不断催生着技艺革新。1980年后，城镇化进程加快，胜芳花灯也随着经济文化形势的变化、时代审美的变化而不断演变。

明朝诗人唐寅有诗曰："有灯无月不娱人，有月无灯不算春。"在胜芳，传统的元宵节，也叫灯节。几百年来，胜芳有着固定的花灯习俗，做灯、买灯、卖灯、逛灯会、竞灯及各种灯宴等。每当春节、元宵节，大家都会回到老家，在浓浓的传统民俗氛围中过节。

在牛俊启看来，因为有地方民俗的支撑以及胜芳人强烈的花灯情结，胜芳花灯的手艺一定不会失传。

二、地域风俗里的灯彩差异

北京宫灯：承载京韵，寄托美好

翟玉良表示，不论是宫内还是宫外，大家都希望日子红红火火、团团圆圆。北京宫灯以装饰作用为主，应用最普遍的红灯笼就象征着光明、团结、富强、吉祥、美好。过去在民间农闲时，人们常常就地取材，采用一些木材、铁丝做灯笼骨架。尽管灯笼的形式、造价不一，但都被赋予美好寓意，寄托人们关于丰收、健康、幸福的期盼。

在北京，很多场合都离不开灯笼，特别是举办各种重要节庆活动时，都会挂上大红灯笼，代表着人气、中正的首都气派和形象。翟玉良还特别介绍了天安门城楼上的大红灯笼，根据人仰视的观看视角，特别设计上大下小的苹果形造型，采用最纯正的中国红布料，金灿灿的云头装裱，最终呈现出庄重恢弘的视觉效果。

因为特殊的地域特征，北京宫灯与故宫有着不解之缘，它承载着厚重的京韵文化，点亮了每个北京人心中对美好生活的向往。

东阳灯彩：竹木工艺，演绎灯艺

许宾谦虚地称自己是花灯界的小学生，但当他介绍起东阳灯彩的种类，眼里有光，充满了自豪感。

第一种是东阳著名的"板凳龙"，主要体现人与灯共舞的壮观场景，最长有3000多米。板凳龙的制作是通过组合的形式，每家每户取一节板凳，每一节板凳的长度为1.5米至2米。板凳上安置各式各样的灯笼，有动物、人物、花草等形状。龙头、龙尾部分大多为竹子扎制，有些龙头也会采用木雕工艺，做成亭阁形式。

第二种是卢宅大堂灯，由一个主灯和很多配灯组成，形式丰富多样。卢宅、陆宅、许宅等各大姓氏或家族举办大型庆典活动时，如祠堂落成，就会专门请一批木匠、竹匠制作一组灯笼，悬挂于厅堂，以显示家族兴旺。

第三种是走马灯，也叫行灯、竹丝油纸灯，最早是人们夜间行走时打的一种灯笼，骨架由竹丝编制而成，外面糊上绵纸、布料，贴上姓氏，最后刷上铜油。

第四种就是东阳针刺无骨花灯，也叫百子灯、花篮。作为这一项目的传承人，许宾娓娓道来。该花灯在东阳各乡镇应用广泛。用途之一是服务于板凳龙，可以将其安置在板凳上进行表演。用途之二是十月初十等祭祀活动中使用的子蓬灯，将其挂在竹竿上，可以扛着走，组成一条长龙队伍，非常壮观。这次国家大剧院展出的千里江山竹丝油纸灯成了网红打卡点，这组惊艳的灯彩正是出自许宾之手。

东阳卢宅肃雍堂大堂灯

胜芳花灯：水乡风情，灯火生活

胜芳，有着“廊坊小江南”的美誉。牛俊启说，胜芳花灯的主要特征就是体现水乡风情，与生活息息相关，大致可分为三类。

第一类，以水生动植物为题材的传统花灯。以蝎子、鸭子、鲤鱼、虾蟹、荷花、莲藕、葫芦、瓜果等为造型，就地取材，用芦苇等原材料做成各种各样的花灯。再如，鸭子驮篓的花灯造型，就是取材于胜芳一带渔民外出打鱼时，鸭子驮篓的真实情景。蝈蝈白菜的花灯造型，取名国有百财，蝈蝈多子多孙，白菜百财，寓意吉祥。

第二类，过街花灯，即街道两旁悬挂的花灯。胜芳古镇的东西南北向有四座桥，正月十六是胜芳灯节，桥上会挂满花灯。如今，胜芳一些大型灯会的花灯，也融入了声光电等诸多现代元素与复合型的创新设计。

第三类，儿童游艺的花灯。如八戒灯，一直传承至今，在过去缺少玩具的年代，拥有这样一个手动的花灯玩具是孩子们最开心的事。这类花灯，体型小巧，便于把玩。即便这样，一个花灯仍然融合了多种工艺。

牛俊启认为，如何考量胜芳花灯手艺人的技艺，就看他如何用最简约的线条做成最灵动的造型，且是否能从头到尾独立完成。

三、传承创新中的灯彩技艺

“燕京八绝”赋能北京宫灯

提起北京宫灯的绝活，翟玉良首先想到的是北京中轴线上以故宫为主导的古建筑群，古人正是运用榫卯结构、斗拱形式来建造这些宫殿，再配以榫卯结构的红木家具和中式宫灯。老艺人们付出的心血可见一斑。

翟玉良介绍，有的北京宫灯使用了一百多块木头，几百道工序，却没有用一颗钉子，其榫卯结构在设计、尺寸方面都非常精致，可实现全部拆散再复原，同时便于运输。制作过程工序繁杂，先是把各个部分做出来，再整合到一起。骨架和灯扇是最主要的两部分，两者的尺寸匹配要求非常精准，如果扇做大了就装不上去，做小了又会往下掉。制作时会用到刨子、锼弓子（曲线锯）、锯、雕刻刀等工具。

北京宫灯，从三方、四方到十二方都有，但大部分都是从六方灯演变而来。

天安门城楼上挂的八方子母灯，就是在伸出来的龙头上再雕上子灯。在层次上，从两层到六层不等，主要根据古建筑和房间空间的层高来设计。皇宫的层高较高，没有现在房子的吊顶，直抵房梁，因此悬挂的宫灯大多是好多层摞起来，比较长。宫女们常用的则是四方灯居多。

过去，老艺人们为皇宫做灯，都是不惜工本、时间和材料的。木质的、陶艺的、金属的、珠宝玉石的，不一而足。流苏、中国结等装饰品、零部件也是琳琅满目。制作上涵盖了景泰蓝、花丝镶嵌、雕漆、京绣等“燕京八绝”，以及木雕、绘画、剪纸等多种非遗项目，延续了精湛技艺和匠心文脉。

翟玉良坚定地表示，一定要把中华民族的优秀传统文化弘扬下去，走出国门，让更多人欣赏到中国非遗的魅力。于是，他带着徒弟们传承接力，躬耕不辍，不断给非遗补充年轻的血液，激发奇思妙想的创新活力。

百工之乡绽放斑斓灯彩

听完翟玉良关于北京宫灯的分享，何红兵认为，东阳灯彩在制作方法上也与北京宫灯有一些异曲同工之妙。大堂灯、龙灯除了采用竹编扎制和木雕工艺外，何红兵特别强调了其中的彩绘工艺，他们用羊脂熬成的油进行勾画、彩绘，不仅

胜芳花灯作品

防水，而且视觉上更加斑斓鲜艳。

东阳每个地方舞的板凳龙都不一样，但都造型丰富，色彩绚丽。特别是龙头，以夸张、饱满的特点体现整体气势。同时根据每种龙的属性，匹配不同的造型和颜色。比如，火龙以红色、橙色为主色调；水龙则以蓝色、绿色为主色调。由于板凳龙在舞动过程中拉扯幅度很大，会有一定的损耗，因此每年都会重新装裱和彩绘。在东阳，还有一些约定俗成的民间习俗，如“偷采”制作龙灯的竹编材料；舞龙时不能跨龙灯，只能钻龙灯等。

1997年，为了庆祝香港回归，主办方到东阳定制了一条龙灯，长约2500米，共63节。何红兵作为主创，带领团队攻克了很多技术难关，并将刺绣、彩绘等多种技艺运用其中，实现了又轻巧又美观的定制要求。后来香港媒体纷纷报道，人们对这条来自内地的长龙赞不绝口。当时在澳门跑马地，由时任香港特首董建华亲自“点睛”，香港飞车明星柯受良领头，4000多人一起舞动，创造了世界最长舞龙的纪录。

古往今来，东阳灯彩与东阳竹编有着密不可分的关系。为纪念党的二十大，东阳竹匠还以嘉兴南湖、井冈山、延安等革命圣地为题材，制作了一系列纯竹编的灯笼，以工匠技艺表达对中国共产党的深深敬意。

许宾作为新生代传承人，在东阳针刺无骨花灯这一项目上大胆创新，制作了各种造型的花灯。今年在国家大剧院展出的千里江山竹丝油纸灯，借鉴了东阳大堂灯的造型，制作工艺则跨界运用了戏曲盔头、刺绣等工艺元素，并用珍珠、流苏等进行装饰。他将十几道制作工序概括成通俗易懂的五道：第一，设计图纸，绘制四边形、六边形等几何图形轮廓，接着往里填充纹样。一个平面可以凸出来或凹进去，造型千变万化。第二，用凿子、刻刀等工具，将迎客松、蝙蝠、叶子、圆点等图案部分一点点镂空，让大面积的光从中透出来。第三，裱糊，即用一张白色的薄纸糊在背面，让透出来的光更加柔和。第四，针刺，这是最关键的一步，用绣花针按照图案戳出不同的形状，比如“西湖十景”中的三潭印月，亭子、柳树、湖水用针勾勒线条，其中还会用到横竖平直等各种针刺方法。不同粗细的绣花针可以戳出不同的疏密程度，展现不同的视觉效果。第五，组装，把所有针刺好的纸片粘成一个立体形状。因为该花灯没有骨架，全靠各色纸片黏合而成。有些作品的纸片多达上千张。不同的纸片可以制作出不同的部件，体现出美轮美奂的层次感。也正因为没有骨架的约束，花灯里透出来的光晶莹剔透。

东阳农时舞龙灯场景

许宾直言，东阳针刺无骨花灯的黏合过程并不难，但是非常考验手艺人的耐心，而这份耐心和毅力正是百工之乡绽放斑斓灯彩的信念和基石。

對話 13

南北匠人　情系故宫

2023年3月31日晚上7：00，一场主题为“‘宫廷新造办’——故宫里的南北匠人”的对话，准时在直播间开讲。本期对话特邀嘉宾是东阳木雕国家级代表性传承人、中国工艺美术大师黄小明，北京玉雕市级代表性传承人、中国工艺美术大师张铁成。

“‘宫廷新造办’——故宫里的南北匠人”海报

话非遗

一、故宫文物修复 “刻”下非遗情缘

黄小明：再现皇极殿的龙椅“容颜”

自古至今，北京宫廷造办处孕育了非常多的中国优秀传统工艺。“燕京八绝”、东阳木雕、东阳竹编等南北非遗项目的匠人们，都为故宫的建立和修复做出了诸多贡献。他们忙碌的身影，为故宫留下无数绝美空间和精美藏品。

黄小明大师介绍，据记载，大约300年前，东阳就有手艺人在北京故宫造办处参与研造技艺、木雕技艺、竹编技艺、家具制作技艺的呈现和陈列。而黄小明本人则于2005年参与了北京故宫皇极殿乾隆宝座项目的全部复制过程，耗时两年。在此之前，因为龙椅的缺位，皇极殿一直没有对外开放。

黄小明透露，龙椅的原作现存于沈阳故宫。沈阳故宫的建立晚于北京故宫，一级文物相对较少。1968年，北京故宫将皇极殿龙椅出借给沈阳故宫以展览之用，因种种原因，龙椅尚未回归。

2005年，北京故宫面向全国招标，寻找复制修复这套龙椅的手艺人。黄小明的新东阳木雕团队有幸中标。项目要求按照其原貌1：1复制，做到修旧如旧。黄小明二次北上沈阳故宫实地考察、测量、绘图，再进行重新设计，全部严格按照原作记载的古法研造法进行制作，包括雕刻、漆器、贴金等。至今已陈列16年的复制龙椅，依然金碧辉煌，令人赞叹。

在此过程中，现代匠人们学习、重温了很多精湛的宫廷传统技艺。比如，传统的贴金技艺都是用植物漆进行粘贴，现在多用胶水，这些都是不一样的地方。

北京故宫博物院是全球五大博物馆之一，乾隆宝座则是北京故宫里皇帝曾经使用过的最高大的一件家具，因此这件作品意义非凡，同时它也是黄小明的成名作，是东阳木雕中一件里程碑的作品。

张铁成：重绽宁寿宫的玉彩萃珍

北京玉雕，主要是指宫廷玉雕，最早源于元代，元代宫廷曾向全国招募各种匠人为内廷做玉雕服务，明朝也是如此，而玉雕真正的高峰是在乾隆时期，乾隆皇帝非常爱玉，当时玉器应用最为广泛、最出名，后来便成立了养心殿造办处。

乾隆花园（也称宁寿宫花园），是乾隆皇帝的退休养老居所，除了大件的独立玉器外，他们还将各种余料以百宝镶嵌的形式，合理巧妙地运用在各种生活场所或器物中，墙面、桌椅板凳不一而足。花园中有一半以上的建筑物或家具都有玉器的装饰。随着年代更迭，出现了脱落、破碎、流失等情况，比如玉和木头的结合，就会因为木头的膨胀而导致玉器损坏。

2009年至2019年，张铁成等一批玉雕匠人在汲取黄小明等工匠修复故宫文物的经验和智慧的基础上，同样以修旧如旧的方式，为乾隆花园开展了一系列文物修复工作。

张铁成介绍，十年的补配、安装等大量玉器修复工作，让他受益匪浅的是古人的工匠精神，这是一种特别踏实、专注的心境。尽管中国玉雕工艺几千年来都是不断地琢、磨，并未发生大的改变，只是现在更多采用效率更高的电动工具，但从那些陈设的古代玉器中，不难看出古代匠人的奇思妙想、精益求精。

二、木雕龙与玉雕龙　共绘中华图腾

东阳木雕龙：时空更迭，样式百变

不管是皇极殿复制的乾隆宝座，还是在国家大剧院展出的缩小版龙椅，观众惊叹匠人们精湛技艺的同时，都会好奇追问，整套龙椅究竟有多少条龙，黄大师又是如何将它们雕活的？对此，黄小明曾向媒体这样回应：“从屏风、盖帽、龙椅到地台，有上千条龙。”龙是中华民族具有象征意义的文化图腾，其表现形式千姿百态，也是皇家器物或艺术品的永恒主题。

黄小明觉得自己非常幸运，能有机会为大家呈现300年前皇家有关龙的作品，同时也学到了不同的雕刻技法，比如龙的龙爪和龙脚的雕法各有讲究；龙的脑门特别大，寓意集大智慧于一身。

黄小明梳理过不同时期不同类型的龙的图案，从秦汉到明清时期，龙的特点和艺术表现形式不尽相同，因此在不同的木雕作品中，有很多的细节之差。在国家大剧院展出的缩小版龙椅，则是黄小明按照原作5：1的比例进行

黄小明 缩小版龙椅

雕刻，初衷是在缩小的制作过程中，解决技术难点，提升技艺水平。

除了在故宫雕龙，黄小明还将雕龙技艺广泛应用在百姓的生活家具中，出现频次比较多的有九龙图、双龙戏珠、双龙戏水等。九龙图中的九条龙，龙头、龙身、龙脸各不相同，足见木雕大师的深厚功底和文化积淀。由于民间的龙不受规格规制、纹样方面的限制，可以根据不同的场景，进行多元化创作。民间有一句顺口溜："龙是牛头鹿角蛇身狗腿鸡爪鲤须凤尾。"因此龙集所有吉祥物的精髓于一身。但在雕刻过程中如何做好各部位的衔接，且如何通过力度雕出龙腾飞的神采，极为关键也最具难度。当然，画龙点睛也是重中之重，龙的眼睛开得好不好，是决定一个作品成不成功的重要因素。黄小明说，创作者只有不断学习创新，才能厚积薄发。

廷玉雕龙：雄浑大气，神秘威严

一直以来，张铁成为重要的国事活动制作过不少玉雕国礼，也为故宫做了大量的玉雕修复工作，在玉雕作品中同样展现千姿百态的龙的形象，因此，对于雕龙，他也颇有心得。

张铁成分享说，北方宫廷的龙，有一种说法叫"三庭九四"。"三庭"是指龙的脖子到上肢，上肢到腰，腰到尾巴，每一节的长度都有比例关系。另外，他表示，中华文化丰富多彩，受地域风俗的影响，对于龙的定义也有细微的区别，有些地方称龙是“牛头马脸虾眼鹿角蛇身狗腿鹰爪鲤须凤尾”，有的却不是，但大意都是集各种瑞兽于一体，都认为龙是百兽之王。总体上，北方玉器的龙的风格，主要体现雄浑大气的特点。特别是龙的大脑门，是一种力量的彰显。汉代、唐代的玉雕龙的造型，看起来更是充满了力量感、神秘感。

玉雕跟木雕的区别在于，玉雕的材料没有木雕那么大，体型相对较小的玉材，对玉雕技术有较大挑战。但在过去，皇帝拥有大量玉材，匠人们可以任意选材、雕琢、制作造型，发挥空间非常大，因此宫廷玉雕龙比民间的玉雕龙，造型方面更丰富、更耐看，比如，蹬、抓、挠、踹，四种造型同时可以表现在四肢上。而如今，由于玉材的稀缺，玉雕龙的传承工作相对艰难，大部分作品中龙的造型，因为料小而显得局促。

三、经典赏析　匠心传承

黄小明：多元技艺诠释栩栩如生

作品《心经》雕刻的是五人打坐，五人诵经，底座是《般若波罗蜜多心经》，共260个字。作者意在让人要经常在非常安静、松弛的状态下，阶段性地小结，回顾过去，展望未来，短暂的休憩是为了更好地与自己对话。而作品本身也产生了与观众短暂对话的情境效果，人们往往驻足良久，透过作品在内心投射出一方秘境。

黄小明表示，传统的东阳木雕以板雕见长，也叫浮雕。传统浮雕是以点线面结合的形式，要求构图饱满、面面俱到。而作品《心经》则以圆雕的形式呈现，一组人物在圆的地台上打坐、站立等，姿态不一。很多人误认为这件作品是黄杨木雕，事实上，黄小明只是在人物雕刻部分选用了黄杨木的材料，底座是非洲紫檀，两种不同材料的结合，再加上表现形式的创新，可以说打破常规，为观众带来了全新的视觉享受。

作品《喜乐图》，黄小明采用了一种比较现代的创新形式，将吹拉弹唱的十个人物雕刻在同一块木头上，表现出一支乐队的表演活力与张力。近距离观看时，仿佛是泥塑，充分展现雕塑的质感以及动态瞬间凝固的快感。

作品《神通图》，创新点在于双面异形透空雕。因为双面透空，通过转动可以看到正面和反面不一样的图案。正面，张果老骑驴缓行，韩湘子倚松吹笛，吕洞宾与蓝采和驾云而行；反面，可见曹国舅伏松而眠，铁拐李拄拐而立，何仙姑与汉钟离则于云端俯视。所有人物均两两正反相对，充分利用对方造型获得存在。浅浮雕技法的运用，既生动传神地表现了主体，又让作品坚固耐用。

黄小明介绍，为了实现透空雕刻，必须找到一个适合彼此图案的衔接点，两面的人物又不能强求，这在设计上是一大突破。而他的启发源于有一次在杭州西湖博览会上看到传统刺绣双面绣，将狗和猫绣在正反两面，中间隔着一层纱，叫双面异形，于是有感而发，将这一技艺成功应用在木雕上，实现又一创新。

1999年，《神通图》在浙江三雕比赛中获特等奖，这对当时的黄小明来说，是莫大的激励。

作品《忆江南》的主题是江南水乡，小桥流水人家，春风又绿江南岸。近景

黄小明《喜乐图》

雕刻的飞燕穿柳，薄约1厘米。整个作品的外立面是粉墙黛瓦，底座则巧妙地用两个抱鼓石将粉墙撑起来，宛若江南照壁。此外，黄小明还通过灯光的处理，使画面内容看起来层次更丰富，立体感更强，为作品增添亮点。

张铁成：因材施艺见证双奥之城

2006年1月，北京奥运会奖牌的设计制作项目对外招标，张铁成团队设计的作品从179件入选作品中脱颖而出，入围前十。根据奥组委的意见，进行了多次改良。当时张铁成团队联想到古代敬天的玉璧，但玉璧中间的孔实际上非常小，于是将其扩大，从最初奖牌中间LOGO部分仅纽扣般大小，到最后扩大到玉环的形式，玉的辨识度大幅提高。

奖牌直径大约80厘米，由于设计了祥云、长城等复杂纹样，在实际制作环节，奖牌的鼓面难以控制，效果并不理想，进而又将鼓面改为平面，但又不失张力和饱满度。就这样，名次进入前三。紧接着，根据金银铜三块奖牌的质地进行玉材和颜色的搭配，白玉配金，青白玉配银，青玉配铜，颜色上渐变，价值也是

张铁成团队设计制作的北京奥运会奖牌

从高到低。至此，汇聚了多种中国传统文化元素的最终设计获得第一名，被用作奥运奖牌。

然而，新的挑战再次出现，奥组委表示，奥运奖牌要达到抗摔的标准，否则仍无法采用，理由是以防获奖运动员在互相传递或抛掷时破碎。然而，玉本身就是易碎品，面对这样为难的要求，张铁成带领团队进行了大量实验，加宽边，加防爆膜等均无法解决。无数次失败后，他们利用高压锅圈原理，在奖牌内开一个直径1毫米的槽，然后镶嵌一个1毫米的硅胶圈，抗摔得以实现，中国美玉得以保全。

奥运奖牌的整体设计前后历经一年。张铁成非常感慨，最后抗摔的办法如今回想起来很简单，但没有实践实操，很难找到合理的解决方案。他说，能够全面解决所有因设计产生的技术难题，才是一个好设计师、好匠人。

奥运徽宝的设计同样不简单，它是诚信的象征，代表有着五千年深厚文化底蕴的中国向全世界做出的庄严承诺——一定会办好这届奥运会，因此承载着厚重的象征意义。

张铁成介绍，奥运徽宝也叫会徽之宝，是奥运会徽的载体，即通过这方徽宝印出奥运会徽。因此，雕刻奥运徽宝是一件具有里程碑意义的事。奥运徽宝完全仿照“清二十五宝”中的皇帝奉天之宝进行设计，并赋予了许多深远意义，比如台边边长112毫米，代表奥运会从1896年到2008年，走过112年历程；台高29毫米，代表第29届北京奥运会；纽高96毫米，代表我国960万平方千米的陆地面积；总高13厘米，代表当时我国13亿人心向奥运。

冬奥徽宝是奥运徽宝的姊妹篇，采用凤凰的造型，主要是为了与奥运徽宝的龙的造型配成对，通过龙凤呈祥、有凤来仪的寓意，礼赞北京是世界上唯一一个双奥之城。实际历史上并没有这样造型的凤玺，因此这也是一个创新作品。

作品《盉》，完全是继承传统的一件作品。这件酒器是古代青铜器的造型，浮雕雕着复杂的饕餮纹，下面的三足很有力量感，整体看起来威严、严肃，体现皇家气派。同时采用玉雕的掏堂技艺，要求内外壁厚薄一致，难度颇高。

过去由于宫廷玉料丰盛，匠人们根据皇帝旨意，可以不惜玉料，天马行空随意发挥想象进行设计制作。如今张铁成这一代匠人在玉雕过程中基本遵循因材施艺的原则，就是根据不同材料来设计作品造型。比如一个大件的玛瑙原材料，中间却夹杂着水晶石英等材质，设计师便设计出一朵盛开的牡丹花，造型优美，非常具有浪漫主义气质。再如，一块质地较差的碧玉，石头和玉掺杂在一起，经过匠人巧夺天工，变废为宝，玉的部分雕刻成青蛙、叶子，其余石头部分做成底座。这些都是因材施艺的典范作品。

作品《鼎盛中华》，是一件青白玉作品，如此大体量且没有任何瑕疵的成器，非常珍贵。张铁成介绍，这也是一次创新尝试，虽然是青铜器的传统造型，但没有繁复的纹样，表面光素简洁，充分体现玉器的材质美，也彰显着工艺美。实际上这种方鼎的制作比圆鼎更费时，首先是高难度的掏堂技艺，要实现里外均为方形，四条腿的周围也要掏空，极为废料。掏空以后，通过打光，四壁青白色的透光率要均匀一致，哪一部分特别厚，就可能发暗，没有整体透亮的视觉效果。此外，浮雕与鼎壁都处于统一平面，完全像是贴在器物表面上，工艺要求非常高。

四、作品常看常新　再续京韵婺风

黄小明：读万卷书，更要行万里路

从16岁开始，从艺40多年来，黄小明坚持题材多元创新，作品与时俱进。他认为，任何一个手艺人，想要做出符合当下文化且具有代表性的作品，一定要不断学习，不断吸收养分，不断提高自己，才能拥有源源不断的创新思想。他向张铁成学习玉雕文化，进而尝试木雕与玉雕的跨界融合。他也会与梁本大师做唐卡的跨界，在木雕的基础上用矿物质颜料进行绘画，创造全新的表现形式。

每年，黄小明都会外出游学，到世界各地了解当地的风土人情、地域文化，吸取不同艺术门类的养分和灵感，进一步融会贯通。比如，他从不丹回来，雕刻了《佛缘》；从德国回来，想到创作《新天鹅堡》；从南极回来，创作了《企鹅》；从柬埔寨回来，又创作了《高棉的微笑》等。他坚定地认为，读万卷书，更要行万里路，要迈开腿，多走、多看、多学，才能掌握不同的艺术特点，创作出不同风格的作品，以保持作品常看常新。同时，要经常进行阶段性总结，一年一次大总结，一季度一次小总结，不能总是沉浸在过去的优秀作品或荣誉中，要不断否定自己，否则永远不会进步。这正如作品《心经》的寓意，在宁静平和的状态下，总结、沉淀、成长。

张铁成：创新不止，传承不息

北京玉雕有着辉煌的历史，其特殊性在于它是传承皇家玉雕的特殊文化实践，自从计划经济向市场经济转型，受众人群逐渐消失，特别是20世纪90年代，北京玉雕走入低谷，从业人员纷纷下岗，仅有一部分如张铁成一样的手艺人坚守下来。30多年来，他们没有因为市场的改变而放弃高端大气的皇家玉雕工艺，传承成为一种使命。2000年后，张铁成的工作重心从从事玉雕人物创作，转向北京玉雕器皿创作，传承创新从未停止。

他认为，首先，技术要创新。尽管现在已然没有皇家玉材大料，但可以尝试小料大做。比如说，链子活；再如，尝试将仿泥塑的雕法运用到玉雕中。总之，通过各种尝试力促玉雕技艺发扬光大。

第二，题材要创新。通过玉器语言，凭借本身的肌理，去其糟粕，取其精华，最终呈现出玉质美。题材创新空间广阔，大有可为。当然，同样需要多学习多长见识，比如参观各种展览，学习他人的技艺之长。

第三，跨界融合。这也是玉雕技艺重点研究的方向之一。因为玉雕的材质会越来越少，而且料越来越贵，无法像木雕一样拥有大材质，做大造型，所以他们尝试与景泰蓝、花丝镶嵌等这些姊妹工艺进行花样跨界，去共同表现一个作品的中心思想或主题内容，目前成效明显。

對話 14

京婺戏装　遗韵悠长

人间四月，春意盎然，2023年4月11日下午5：00，线上非遗“南北交流”再次开播，本期对话主题为“戏韵悠长——京剧剧装与婺剧戏服”。随着传承人的款款讲述，戏剧舞台上的斑斓衣裳与其背后的历史文化翩翩起舞、款款夺目。本期对话的特邀嘉宾是婺剧戏服制作技艺（传统婺剧戏服）代表性传承人徐裕国，剧装戏具制作技艺国家级代表性传承人孙颖。

一、历史背景及文化特色

孙颖：京剧剧装形似宫廷服饰

京剧是我国的国粹之一，这项传统剧种的剧装，不仅

“戏韵悠长——京剧剧装与婺剧戏服”海报

与京绣有着密不可分的关系，同时还大量吸取了其他各大剧种戏服的特点与精华。

京剧起源于清代乾隆年间，京绣却可追溯到唐代，明清时期，京绣技艺达到顶峰。京绣又是“燕京八绝”之一。在过去，京绣主要为皇家制作实用品，如龙袍、幔帐、华盖（春天祭日祭蚕、秋天祭月之用）等。

明末清初的升平署，也就是清代宫廷戏曲承应及管理机构，已经有京绣手艺人开始为宫廷制作剧装，近似宫廷服饰，区别甚微。举个例子，宫廷里皇帝穿的龙袍也叫红袍，上面绣的龙是五爪，戏剧舞台上的皇帝穿的蟒袍，上面绣的龙是四爪，但都绣有山水，象征江山社稷、四海升平。再如，京剧里的工装、女蟒，与宫廷里皇后、贵妃们穿的宫衣，不管是绣工、色彩、制式，都非常相像，都绣有凤凰，代表鸟中之王，以匹配她们的身份地位。

到了清末，京绣发展为三类：一是制作宫廷的官服，也叫宫绣；二是民间艺人仿照宫廷的吉祥纹样和做法，做一些民间绣制；三是京剧剧装，社会占比较大。

2003年，孙颖曾用京绣技艺为故宫复制了一套帝后大婚的喜帐，现陈设于坤宁宫。

徐裕国：婺剧戏服极富乡土气息

徐裕国大师开门见山，对婺剧做了简单介绍。

婺剧是高腔、昆腔、乱弹、徽戏、滩簧、时调六种声腔的合班，俗称“金华戏”，中华人民共和国成立后，因金华古称婺州，故改称婺剧，有500多年历史，被称为徽戏的正宗、南戏的“活化石”。梅兰芳曾说，京剧的根，要到婺剧中寻找。婺剧属于地方剧种，表演粗犷、豪放，乡土味浓厚，主要流传在金华八大县市，以及江西、福建、衢州、温州、台州等地。

徐裕国介绍，婺剧戏服大部分从明清时期演变而来，特别是一些大袖子的戏服，如龙箭，便采用了马蹄袖，前面开叉，适用于骑马。由于流传下来的婺剧剧本非常丰富，且充满地域特色，所以衍生出各种各样的演出行头，戏服、盔帽、刀枪棍棒、鞋子等，品种繁多。但总体上，婺剧戏服在色彩和图案设计方面，乡土味是其最大特色。因为过去婺剧的演出，没有正式的舞台，基本上都在农村的食堂、田间地头、晒谷场等，或者在田野里临时搭建草台，如果是对台戏，就搭两个台。这样的演出形式，与宫廷内正规的戏剧演出形成鲜明对比。

婺剧戏服主要有“软硬件”之分，男演员的“硬件”，如“十蟒十靠”之类，比较粗犷；花旦的工装、客衣等，颜色鲜艳，称为“软件”。

二、与名角儿的那些事儿

老艺术家敬畏传统，精益求“京”

孙颖表示，戏曲是角儿的艺术，京剧亦是如此。而服务于一部作品的剧装，就是一个角儿的经典符号。

孙颖供职于北京剧装厂，该厂于1956年公私合营，有17家老字号。著名的“德春绣”就是其中之一，也称“绣局”，创办人是“四绣”艺人李春，常为宫廷绣谷子、荷包、幔帐等，于是渐渐与宫廷内管事的人相熟。当时慈禧太后特别

宫装（梅派）

喜欢京剧，太监们组成本家班，经常在宫廷内演戏，宫廷造办处下设“绣座”，李春后来便开始为升平署制作剧装。

李春的大徒弟尹元珍，就是孙颖的师傅。孙颖介绍，尹元珍为宫廷的名角儿做了大量剧装，特别是在设计、京绣等方面有独到功夫，尹元珍所在的字号“三顺”，颇有名气。彼时，有不少京剧名家到店定制剧装。尹元珍就曾为梅兰芳先生制作过《霸王别姬》《贵妃醉酒》的剧装。梅先生是男旦，为了表现出贵妃婀娜多姿的女性形象，尹元珍在花卉图案、色彩、纹样、款式上下了很多功夫。一般普通女蟒，多为单调的红色，而梅派女蟒，就有蓝色系，同时增绣仙鹤流云的纹样，不仅丰富色彩，且蓝色为收缩色，更显身材，此外还重新设计了腰包的马面，通过尺寸和花纹的改变，加强延伸感，进一步衬托女性的线条感。1960年，梅兰芳前往美国演出，尹元珍又为其设计制作了整套精美剧装。

孙颖于1976年进入北京剧装厂工作。由于“文化大革命”的影响，大部分剧装都已烧毁，当时只流行现代剧，直到1979年恢复历史剧，尹元珍正式开始向孙颖等徒弟传授制作剧装技艺。从此，孙颖逐渐接触了一些京剧名角儿，如张君秋、刘秀荣、李世济、刘雪涛、袁世海等。在师傅的带领下，孙颖经常去后台看戏，再回来探讨需要添置哪些剧装。

老艺术家们敬畏传统、精益求精的精神，孙颖深受感动。她回忆道，李世济就曾亲自到剧装厂，先给手艺人们说戏，充分表达剧中人物的戏份、动作细节、呈现效果，使得大家对角色有充分的了解，进而更好地投入设计制作。起稿、看稿、研究配色等环节，李世济都参与探讨。同时，名家们也非常尊重尹元珍等老手艺人的意见和想法，他们在尊重传统文化的基础上，坚持守正创新，追求艺术高度。孙颖觉得非常荣幸，在那个时代，遇到这群优秀的艺术家，并有机会为他们做出剧装精品，共同为京剧剧装艺术的精进发展做贡献。

婺剧名角守正创新，为“婺”代言

徐裕国回忆，1956年，浙江婺剧团成立，将“八婺”（金华八个县市）的作坊组织起来，为婺剧团做戏服，两年后完工。1958年，又专门成立了金华戏剧厂，从此，不光为一个剧团做戏服，业务拓展至东阳、义乌、永康等地方剧团和农村剧团。其中，“龙游三姐妹”就曾在华东地区获奖，产生了一定的影响力。实际上，当时金华戏剧厂，还有另外一块牌子——特种工艺厂，共有80多名员工，设有绣花、做戏服、做刀枪、做宽帽、做鞋子等不同车间，还有特种工艺，工种齐全。

1962年，浙江婺剧团前往北京演出，受到周恩来总理的接见，其称赞婺剧的道具、戏服很有特色，如关公大刀等。很多中央领导也夸赞折子戏好看，说“婺剧《断桥》是‘天下第一桥’”。从此大家信心倍增，开始全面重视婺剧的传承发展。后来婺剧再度进京演出，梅兰芳说，婺剧的工装比京剧的还漂亮。这番话对婺剧戏服的手艺人又是一次极大鼓励。徐裕国解释道，梅先生的意思是婺剧工装的色彩很明亮，不含糊。过去婺剧都在农村演出，晚上没有电灯，只能点着煤气灯照明，演员们舞动着红红绿绿的鲜艳戏服，村民们才能看得清楚、看得欢乐。

500多年来，发源于浙江之“心”的婺剧，从田间地头走向国家艺术殿堂，荣获“梅开五度”的声誉，再在世界各地留下婺剧声声，逐渐形成了鲜明的艺术标签。可以说，婺剧的名角儿就是婺剧演员，如陈美兰、楼胜、杨霞云等新一代优秀演员，他们共同为婺剧代言，为婺剧的发展注入了强劲动力。

三、宫廷艺术与民间艺术

京剧剧装：皇家文化的极致体现

据统计，中国戏曲有近400种，可以说百花齐放，在孙颖看来，它们之间也有很多共同之处。就拿京剧剧装和婺剧戏服来说，就有一些相近的概念，比如，黄色代表皇权，黄蟒一定是皇帝所穿；红色为喜，用于大婚场合；黑色象征威严，包公就穿黑蟒；白蟒为英俊小生所穿，如赵云所穿；绿色代表忠诚；老生一般穿豆沙色：每种颜色都有很强的象征性。花纹方面，龙象征真命天子，适用于龙袍；而士兵穿的剧装，只能用草红的花纹；御林军穿的大铠，花纹不能对开；凤的图案，只适用于皇后及贵妃的工装。

当然，京剧创建之初，即为宫廷服务，因此具有浓浓的皇家特色，同时汲取各大剧种精华，为己所用，不光体现在唱念做打等表演上，还包括京剧剧装的制作上，如苏绣、越绣等不同技法以及花纹配色等方面都有所吸收。在配色方面，也有红配绿，只不过会用金线银线绕一圈，显得特别富丽堂皇，近似宫廷服饰。梅兰芳先生最终的《贵妃醉酒》剧装，在配色方面也是几经改良。总体上，京剧作为宫廷艺术，观众与演员的距离较近，剧装多采用过渡色，显得更为华贵典雅，如蟒水纹等其他花纹，套色讲究“三环三回”，即便是一个小图案，都要使用三种或以上颜色，有的接近宫廷珐琅色。

当时朝廷对京剧十分推崇，不计成本研究琢磨，要求提高整体艺术水平。乾隆皇帝多次提及，皇家的工程是“料给值，工给价”，支持程度足以凸显皇家的阔气以及对工匠的重视，所以当时宫廷内做出了一大批精致的剧装。20世纪50年代，宫廷内部分剧装分流到了北京天津一些剧团。

孙颖介绍，剧装中常用的金线，就是先把金箔砸成非常薄的片，裹在棉芯外，接着从一支纱到八支纱，可以分成不同粗细的金线。当时的宫廷服饰采用的金线不超过三支纱，但是剧装会用四支纱、五支纱，因为太细的金线，舞台视觉效果不明显。只有个别已经唱成角儿的演员，会自己备制一些“私房活”，在堂会上表演。比如梅兰芳、张君秋的“私房活”，一般用三支纱。张君秋的学生，后来还用缂丝的工艺制作剧装，缂丝属于我国织绣工艺的顶端，由此更加凸显京剧浓烈、华丽的宫廷味。此外，京剧还吸收了徽班的“一箱制”，即涵盖一个剧团外出演出的同一型号的所有服装，可以演几百上千部戏，不分朝代，不分季节，不分地点，只要人物一出场，观众就能辨识出身份、行当、贫富，比如秦香莲的剧装就比较素，绣花少。

这些年，北京剧装厂也为其他剧团提供制作剧装或戏服的业务。孙颖认为婺剧戏服非常大气、活泼、鲜明，可能与婺剧高昂的唱腔有一定关系，而越剧小百花等南方剧团的戏服风格相对清秀，牙子、鞭子等花纹都比较细致。中国戏曲服装精美绝伦的多样性，不一而足。

婺剧戏服：大红大绿即大俗大雅

1962年，徐裕国进入金华戏剧厂，先开始画布景，后来被安排到绣花车间。

他说，那时候没有任何图文资料，因为没有照相机，更谈不上彩色，手艺人们只能自己研究，艰苦创业。1963年，在师傅的指导下，徐裕国用工笔画画了一套婺剧戏服的图纸。“文化大革命”期间，徐裕国将大部分图纸藏于瓦片，躲过一劫。2006年，保存下来的36张图样编印出版，书名为《中国婺剧图谱》。徐裕国结合这本图谱，从四个方面讲述婺剧戏服的主要特点。

首先，源于生活又高于生活。婺剧属于民间艺术，众多的婺剧剧本来源于民间生活，于是产生了多种多样的戏服，且色彩、做工、用料都有区别。在过去，金华周边一带有很多小剧团，谁有戏服谁当班主。农闲时，大家就凑到一起演出，临时的剧团临时分配角色。尽管一切都充满了乡土气，但男女演员各有分工，不得反串。在农村，富裕人家有生儿子、造房子的喜事，便会邀请戏班子演戏，以示庆祝。虽然彼时条件艰苦，但大家对待戏服制作毫不含糊。徐裕国曾听其师傅说，以前他们做的“硬件”可以站立，不会倒，因为下身的衬布是很粗的麻料，还有两块板作支撑，又透气又挺括，演员一亮相，虎头靠一推，相当神气。由于杭州、湖州一带盛产丝绸，前往购买绫罗绸缎非常便利，所以婺剧戏服采用的都是真材实料。当然，演员们也非常爱惜戏服。有规矩言，演员一旦穿上蟒袍，就不能坐下来，避免折毁。另有规矩言，戏服宁可穿破不能穿错。这些，无一不体现出大家对婺剧艺术的共同坚守。

女盔甲

第二，色彩相对艳丽。过去，婺剧演员们都是背着行头去农村演出，虽然在田野里临时搭建的舞台很简陋，但戏服灵动、艳丽，适合远距离观看。特别是婺剧工装大红大绿，有着鲜明的撞色，强烈的对比。徐裕国风趣地说，金华有句俗语：“红配

徐裕国绘画的部分婺剧戏服图纸

绿，心肝肉。”总之，红绿的比例面积非常大，所谓大俗大雅，莫过如此。在国家大剧院展出的女靠，主色调孔雀蓝，颜色鲜艳可见一斑。再如，将军出场前的士兵穿的龙通，一般四件为一套，全部是白色或绿色，但袖子领子上绣的桃子，却非常明艳。还有水浪的颜色，为单一的白色或蓝色，但中间会加金线，更加凸显各种撞色的艳丽效果。为了统一戏服配色，有专门的师傅安排，绣娘只负责执行。

婺剧有十蟒十靠，五种颜色，每一款男女各一件。只有明黄色的龙袍上绣的龙是五爪，其他蟒袍上的龙都是四爪；龙袍是婺剧中最豪华的戏服，上面绣的海水江崖全是金丝，其他蟒袍上的海水等图案则用花线绣制。黑蟒、绿蟒等为文武官员所穿，并不特指谁。值得一提的是，当时龙袍上用的金线真正含金，在计划经济时代，银行审批通过才给出指标，拿到金以后再去制线厂做成金线。金线的优点是柔软、服帖，便于存放。但收入较低的农村剧团，为了节约成本，只能改成花线绣制。总之，婺剧戏服在视觉上非常抢眼，线条粗犷，甚至有唐卡的味道，而京剧、越剧的剧装色彩文雅，针法细腻。

第三，图案相对夸张。婺剧龙袍上的原汁原味的龙，是非常具有代表性的八婺龙，传承了500多年，龙头很大，龙身很短，眼睛鼻子牙齿外突，简单纯粹的白色水浪，营造出看到龙头即看到龙身的视觉效果。北京九龙壁的龙就不一样，身体非常长，龙头比较小。此外，很多剧装的工装可能都会用到凤的图案，而婺剧工装的设计是，将整件戏服做成一件凤衣，演员穿戴起来，与凤衣融为一体，头就是凤头，两条手臂就是凤的翅膀。飘带一共有156条，全部代表羽毛，舞动起来，非常漂亮。再如，婺剧大靠，中间的虎头靠特别抢眼，五官凸出，立体感很强、很耀眼，为角色增添威武的气场。

第四，彰显本土文化。金华是黄大仙的出生地，叶圣陶写的《记金华的双龙洞》中的岩洞，就是黄大仙的修炼地，因此创作了黄大仙等相关剧目，他们专门设计了独具特色的八卦衣，通体黑色，中间绣有八卦等图案，细节满满。

四、原汁原味传承　与时俱进创新

戏衣人生，锦绣百年。随着时代的发展，剧目和角色的更新，戏服也跟着变化，两位大师见证了行业内半个世纪的变迁与发展，对于其中的传承与创新，他们也做了分享。

孙颖表示，北京剧装厂仍保持着原汁原味的京剧剧装制作工艺，一件剧装要经历几十道工序，道道细致入微，环环一丝不苟。

先是设计人员画样，皇帝、太监、宫女、兵卒等不同人物的剧装，花纹都有严格规定。选配面料方面，同样保留传统做法，不同剧装，软硬厚薄用材不一，为了避免染色、起静电等问题，他们一直采用真丝，以此保证更好的垂感。而为了采购更好的绸缎，采购部每年前往湖州、苏州等地实地考察、挑选。虽然有些计量方式发生变化，但在用料上依然是高标准，不能偷工减料。接着是扎样，根据设计师画的样稿，敷上透明拷贝纸，扎成洞眼。看似简单实则不易，速度快，纸易扎破，速度慢，影响后续绣活。排版刷样也非常考验技术，要将库房给出的面料，不多不少地将一件大靠排满，不浪费一点面料。因为一件大靠有几十片，且宽窄不一，非常复杂，其他的袄裤裙相对简单。另外，还有许多细节也关系到产品质量，比如刷样时要先刷粉，这种自己熬制的特制粉，是几十年的传承，其粉迹可保持较长时间，十分利于绣花，若发现有错误，又可以用汽油、煤油擦拭。孙颖坦言，京绣的绣法并不多，但有一种传自宫廷的花金绣，也叫纱金绣，成品效果非常漂亮典雅，尤其马派服饰，花金绣运用较多。另外，为了避免绸缎的缩水问题，不同季节不同面料如何喷水，也需要丰富的经验。为了精准裁制，前期还要经过反复吊线、绷线。承做环节涉及滚边、镶边等多项技艺，手艺人必须具备深厚的功底。哪怕是最后的熨烫，也须极小心，否则一件精心制作的作品就毁于一旦。总之，每一道工序都要细心对待，最后才能完完整整将剧服交付剧团。

对此，徐裕国深有感触，戏服的制作不能光凭热爱，更需要持久的耐心。在金华戏剧厂，还有一个祖上传下来的不成文规定：女绣花男盘龙（盘金线），先绣花再盘龙。地方特色传承有序，代代手艺人严格遵循。

当然，创新尝试也从未停止。曾在国家大剧院演出的京剧史诗《赤壁》，诸葛亮一角的剧装，经过孙颖等手艺人的改进，区别于传统的八卦衣。他们采用更有透明感的面料——需，不仅挺直，且纹样潇洒。后背是一对流云仙鹤，造型前短后长，拖尾长约3米，袖子宽阔，内缎外纱，整体营造出诸葛亮呼风唤雨的神仙气质。而传统的京剧八卦衣（马派八卦衣），制作上主要遵循“胸怀风雷剑丹天地，背负山川袖藏水火”16个字，图案排序格外讲究。此外，他们曾为湖南某剧团制作《香妃梦》（现代剧）的剧装，选择当时流行的面料，布局不拘于传统。

为了更加符合不同的剧情，更加迎合时代的审美，剧服的设计、选材，工艺的更新、发展、传承，与时俱进，永无止境。

對話 15

京韵宋韵　气象万千

2023年4月16日，“京韵·婺风——非物质文化遗产南北交流展”在北京圆满谢幕。展览有期，文化无限，京韵宋韵，对话不停。4月18日晚上7：00，最后一期南北对话之“京韵与宋韵——非遗的文化气质”准时开播，圆满的文化之夜，为“京韵·婺风”线下展览与线上对话画上了圆满的句号。本期特邀嘉宾为金华市社科联二级巡视员、金华市文史研究馆副馆长、金华市咨询委员会委员吴远龙，北京市社科院文化所副所长、副研究员景俊美。

“京韵与宋韵——非遗的文化气质”海报

一、名词解释

何为京韵?

对此，景俊美副所长从广义和狭义两个方面进行了解读。

京韵，即首都北京之韵，强调的是文化意义上的北京及其内在逻辑。从广义层面来看，京韵的逻辑底色是对北京地域文化特色的总结与尊重。因此，凡是能体现北京特色的本土文化，具有北京特色的文化艺术，都蕴含着京韵。比如，京味小说，京味曲艺（北京曲剧、京韵大鼓、京剧）及故宫、太庙等皇城建筑，“燕京八绝”等非遗技艺。以上这些，既有物质的也有非物质的，既有建筑类的又有精神层面的，内容广泛且丰厚。狭义层面，京韵是指具有北京特色的声音艺术，是学理界定，其内在逻辑在于“韵”字，本义为和谐的声音，这层含义是对其最原始意义的尊重，如北京方言，北京的地方音乐（歌谣、民谣、童谣）等。本期对话的主题，探讨的是广义上的京韵，它有更深的内涵与外延。

何为宋韵?

吴远龙副馆长首先介绍了宋代的历史背景。宋代延续了300多年，是一个非常特殊的时代，虽然没有强大的综合国力，军事上总是受到外来民族的侵扰，直至南宋朝廷失去江山，但是宋代经济繁荣，文化兴盛，宋人生活优雅精致，宋代社会包容和谐。从宋韵文化即可反映出宋代经济、科技、社会、生活、精神文化、美学、哲学、习俗等各个领域都发展到了登峰造极的程度。

概括起来，宋韵主要指以下几个方面：一是学术思想的思辨之韵。宋代是思想文化繁荣的时代。二是文学艺术的审美之韵。宋人非常爱美，把美植入日常生活，如宋代的词、书画、家居（矮型化）和建筑都达到高峰。三是发明、发现的自创之韵。中国古代的“四大发明”，其中有三个产生于宋代。四是生产技术的匠心之韵。宋代劳动人民积极发挥聪明才智，对生产技术进行改良，如经典的滴灌技术及水渠等水系建设。五是社会生活的秩序之韵。特别是南宋时期，整个社会开放、和谐、包容，为文化兴盛、思想创新提供了良好的社会土壤。南宋迁都至临安后，在浙江形成了丰富多彩的文化积淀，因此宋韵文化

南宋　刘松年《青绿山水图卷》

特色在浙江尤为凸显。

2021年，浙江省提出实施“宋韵文化传世工程”，要让千年文化传承下去、流动起来，使之成为浙江的“重要窗口”，推动高质量发展先行示范区的重要精神文化动力。至此，宋韵文化成为浙江独树一帜的精神文化标识。

二、表现形式

京韵渗透在物质和非物质的方方面面

景俊美长期从事文化研究，她表示，文化分物质的和非物质的两种表现形式，京韵在具体文化样态上也是如此。

从物质的角度来看，大家耳熟能详的故宫、天坛、地坛、颐和园、圆明园这些皇家的宫殿和园林，都是京韵的重要代表。此外，四合院、胡同、名人故居、碑林、古寺、古桥（如银锭桥）、街区（如什刹海）及各大城门（如崇文门）等建筑方面的表现形式，也承载着厚重的历史故事、文化属性或皇家特质，因此同样是京韵的重要代表。当前关于北京中轴线的申遗，其实也是物质层面的重要彰显。

非物质角度的京韵，景俊美结合本次策展项目进行了分析。“燕京八绝”是京韵在非物质文化方面最具代表性的体现，八大传统手工技艺在制作过程中蕴含高超的技艺文化和传承有序的精神，而它们的技艺又通过物质载体来呈现。“燕京八绝”包括景泰蓝、雕漆、宫毯、花丝镶嵌、金漆镶嵌、牙雕、玉雕、京绣。其中，雕漆的传统大漆，有利于身体健康，有别于现在的化学漆。北京房山地区就生长着漆树，古代用它制作餐盒。另外，京剧、北京曲剧、京韵大鼓、北京

方言等是属于声音艺术的京韵。戏曲研究中，京剧是重头戏，无论从唱腔还是流派、行当，都发展得非常成熟完善，极具典型性，因此它不仅是京韵的代表，也是中国文化的代表。

在金华传统文化的高光时代读懂宋韵

金华位于浙江之“心”，是宋韵文化在浙江最典型的表现区域。吴远龙经过研究分析，金华从万年上山一路走来，历史上出现了两个文化的高光时代：一个是两宋时期，另一个是抗日战争时期。特别是南宋时期的金华，宋韵文化有四个方面的突出表现。

第一，宋代金华名人。通常人们将名人的数量、地位作为衡量一个区域文化高度和厚度的重要标尺。金华被称为“小邹鲁”，是盛产名人的地方，南宋时期更是名人辈出。根据研究，金华历史上共有12位文武状元，其中10位产生于宋代；金华历史上共有5位宰相，有4位产生于宋代。宋代金华名人包括吕祖谦、范浚、陈亮、唐仲友等，他们当中，既有“为官一任，造福一方”的胡则，毛泽东同志到金华视察时，专门提到这位永康方岩山的胡公大帝；也有守卫江山的两大武官，一个是宗泽，义乌人，另一个是郑刚中，金东区曹宅人；另外还有旅居金华的名人，如众所周知的千古才女李清照，她与金华非常有缘，在金华三年多时间里，留下了“一首诗”，即《题八咏楼》；“一首词”即《武陵春》；还有“一副棋”即打马棋。值得一提的是，浙江历朝历代入祠孔庙的名人总共13人，金华占了五席，分别是吕祖谦和“北山四先生”（何基、王柏、金履祥、许谦）。

第二，宋代金华学派——婺学。吕祖谦“性命之学”、唐仲友“经制之学”、陈亮“事功之学”、范浚“香溪之学”，共同构成婺学，它与当时朱熹的理学、陆九渊的心学，并霸学术江湖，是当时浙江学术最重要的表现形态，为金华争得无限荣光，因此成为浙学重镇，浙学核心区。

第三，宋艺。宋代金华的艺术达到了相当高的程度，浦江人黄庭坚，书法与苏东坡齐名，有“苏黄”之称。

第四，宋遗。宋代的物质文化遗产和非物质文化遗产，星星点点融入市井生活。物质文化遗产包括老井、古建筑（如著名的延福寺），以及目前国内仅存的宋代重要文书——徐谓礼文书，发掘于武义县，被称为国之瑰宝。非物质文化遗产更是数不胜数。

丰富多彩的宋韵文化，成为金华优秀传统文化的重要组成部分。

三、非遗韵味

京韵：城市时空，非遗古今回响

景俊美认为，本次在国家大剧院的展览，通过专业独特的方式，精准细腻的手段，搭建了具体有效的非遗展示平台，实现了南北对话交融、激活地方文化的效果。

展览的第一个特点是展现“燕京八绝”。展览现场设置了极具代表性的国宝级展品，充分体现了宫廷技艺。以作品《洪福齐天葫芦瓶》为例，无论是用料、技艺手法，均为高水准。如工序繁复的景泰蓝，其背后承载着昂贵的时间成本、技艺成本、材料成本和大师的手工艺术成本。这些作品与某些旅游景点售卖的十几二十元的“景泰蓝商品”有着本质的区别。景俊美介绍，中国手工技艺中呈现的图案，有“言必有意，意必吉祥”的传统，葫芦瓶本身是福禄的代表，红色蝙蝠则有“洪福齐天”的含义。此外，诸如代表富贵吉祥的牡丹花等传统的动植物图案，也广泛应用在建筑等方面。宫廷屏风，亦选用了吉祥图案与珍贵材料（如红木）。这些图案元素虽然来自民间，但也可以上升成为宫廷内优雅的艺术，雅俗之间可互相交替、互相转化。

作品《剔红梅瓶》，凹凸有致的纹路并不是一蹴而就的，需要一层一层抹，一层一层雕。这种雕漆制作技艺有十道工序，设计、制胎、烧蓝、作底、着漆、画工，还有雕刻、打磨、做里、做旧等，每刷一层漆，都要慢慢等待自然干透。

作品《福禄万代摆件》，链子和瓶子为一体，链子可直接从瓶内掏出，又可放回，精美又震撼，足见玉雕非遗人的高超水平。

2020年到2022年，景俊美与北京市文旅局非遗处针对北京20多项国家级非遗项目做了全面验收。有了实地调研的经验，景俊美更加坚定地认为，除了器物本身的美感外，透过每一处艺术细节、样式讲究、材料工艺、人文故事，人们更应该看到非遗精神层面的美。她强调，非物质文化遗产并非意味着进入博物馆。实际上，近年来，非遗“复活”工作可圈可点。以玉雕为例，非遗大师们不仅制作了奥运会金镶玉的奖牌，还将边角料做成很多小件在线上直播销售，以此让更多人感受首都文化、中国文化。从中可以看到，非遗人不仅一直在提升技艺，而且也在不断探索非遗市场。景俊美等一批研究者，每到一个地方，都会与非遗人一起感同身受，希望帮助解决一些实际困难，或者分享优秀案例，共同探索非遗新路。

展览的第二个特点是展现京剧元素。本次展览以大气的红色为底色，而红色也是代表京韵的重要颜色。

福禄万代摆件

景俊美介绍，京剧作为国粹，包含的层面非常多，比如声腔、流派、行当、脸谱、行头等。其中，京剧的行头分为五大类，第一类是丁装，也叫官服类，如梅兰芳在《贵妃醉酒》中穿的剧服，《龙凤呈祥》中孙尚香穿的剧服等。丁装上经常会用到凤的图案，当然根据角色不同，花纹也有细微差别。第二类是大靠，后边插旗子，多为武生所穿。第三类是常服类，也叫褶子，如《红鬃烈马》中王宝钏在武家坡穿的黑色衣服。第四类是盔帽类。第五类是靴鞋类。此外，京剧的脸谱、唱腔、流派，都有很多讲究。初听不觉美，再听已入迷，说的就是京剧的独特唱腔。《锁麟囊》《四郎探母》等经典唱段，都是北京戏迷的最爱。

宋韵：生活美学，藏尽非遗芳华

金华是非遗大市，拥有国家级非遗项目36项，省级非遗项目116项，同时还有一项人类非遗项目，即绿茶制作技艺（婺州举岩）和庙会（赶茶场）。这些非遗项目中，很多与宋韵密切相关，包含着丰富的宋韵文化基因。在本次展览中，提供的17个非遗项目、113件（套）作品，都是金华非遗的典型代表。

吴远龙从宋韵文化视角，讲述了藏在琴棋书画、诗酒花茶中具有代表性的金华非遗项目。

金华火腿是世界名腿，其制作技艺传说与宋代抗金名将宗泽有关，当年其部队打了胜仗，义乌老家人民为表示感激，赠予大量猪腿，可是路途遥远，为防止猪腿变质，于是撒盐腌制并晾干，便于携带。回到军营发现猪腿依然色泽红润，肉味鲜美。后来宗泽将“腌腿”献给朝廷，皇帝赐名“金华火腿”。优质的金华火腿，得益于独特的非遗制作技艺和特殊的“两头乌”猪种，现在“两头乌”还有一个更时尚的名字，叫“熊猫猪猪”，住着别墅，听着音乐。熊猫猪猪乐园已成为网红打卡点。

明代冯时化在《酒史》中写道：“金华酒，金华府造，近时京师嘉尚语云：

金华火腿

'晋字金华酒，围棋左传文。'"《金瓶梅》中有数十次提到金华酒。武松在景阳冈打虎以及醉打蒋门神，喝的也是金华酒。李清照在八咏楼、酒坊巷，亦是酒后写诗作赋，留下千古佳篇。

被列入人类非遗的举岩茶，是金华茗茶之一。相传，明太祖朱元璋在金华打仗期间，士兵因为水土不服，患了眼疾，最后喝举岩茶得以治愈。

婺州窑，在茶圣陆羽《茶经》中，被列为中国瓷器第三名，被称作南方的钧窑。宋代时期，金华对外贸易发达，婺州窑瓷器通过婺江源源不断销往世界各地。

宋韵在金华，也充斥在人间烟火中。《吴氏中馈录》是目前国内仅存的宋代食谱，含74道菜系，为宋代时浦江的五位厨娘所记录。本次展览中的宋代糕点，也充满了浓浓宋味。

展览中的永康锡雕，为国家级非遗项目。古有俗语"县县府府不离康，离康不是好地方"，讲的就是永康三宝：打锡、打铜、钉秤。永康人的工匠精神和匠心匠艺，在宋代达到巅峰。

金华非遗中的每一件宋韵作品，都是一个珍贵的文化符号、文化标识。

四、时代价值

京韵：贯穿文化建设，坚定文化自信

当前，北京正积极推动首都高质量发展，京韵在文化建设方面彰显着重要的时代价值。景俊美从三个层面进行了分析。

宏观层面。上接中央指示，下达一线调研，景俊美在工作实践中深刻感受到，京韵文化为北京成为全国文化中心做了很好的铺垫。特别是在北京"四个文化"（古都文化、京味文化、红色文化、创新文化）建设方面，有着更为具体的体现。比如，故宫、天坛、地坛等，体现的是古都文化；京剧、北京曲剧等，体现的是市井层面的京味文化；而在奥运会、冬奥会等大型国际赛事中，也不乏非遗细节，充满京韵文化。

中观层面。北京的一些社会组织、企事业单位、文化机构、基层一线等部

门或行业，也纷纷建立相关制度文化，共同营造“至正庄严、雍容博大、崇文厚德”的京韵文化氛围。

微观层面。文化思维关乎个人成长，不管是普通人，还是非遗人，随着研究的深入，对京韵越了解，对京城的认同感、归属感就越强，从文化自信到自觉弘扬文化，每个人都会将这份情感渗透在自己的生活中，不论服饰装扮，抑或谈吐作为。

宋韵：滋养一方水土，赋能文旅新生

宋韵文化滋养一方水土，一代又一代金华人为时代发展贡献力量。而今，宋韵婺州风华，赋能文旅新生活。关于宋韵文化对当代金华的时代价值，吴远龙做了深度解读。习近平总书记非常关注、重视金华的文化建设，他在浙江省任书记期间，提出要把金华着力打造成浙江中西部文化中心。围绕这一目标，金华历届市委、市政府高度重视文化建设，尤其在省委提出实施“宋韵文化传世工程”之后，金华市委宣传部牵头，组织开展了“打造浙江中西部文化中心”的课题研究，大力推进将金华打造为宋韵文化高地。

宋韵文化是金华文化建设重要的宝贵资源。首先，体现在思想文化方面。宋代形成的婺学金华学派，在整个学术体系中，应着重体现以下几点：一是经世致用。研究历史不是为了躺在功劳簿上，也不是为了纯粹地回味过去，而是为了利用于当下。二是敦本务实。即要脚踏实地，不讲空话、枉谈理想，只有发展才是硬道理。当前金华要打造国际枢纽城，建设现代都市区，尤其需要大力发扬事功务实的思想。三是重信守义。现代经济是信用经济，金华人自古重信守义，做生意讲究“七出三进”，义乌因此从“鸡毛换糖”发展成为国际小商品城、“买全球卖全球”的世界超市。四是兼容并包。要发展开放型经济，寻求高水平对外开放，则需要海纳百川，聚天下英才。

第二，体现在爱国情怀方面。宋代金华人非常爱国，抗金名将宗泽，豪放派词人陈亮、辛弃疾，都是抗金爱国之士。新民主主义革命时期的陈望道，在半间柴屋里，一盏煤油灯下，首译《共产党宣言》中文版，对马克思主义在中国的传播产生了巨大影响。这些爱国情怀、爱国之韵，值得大力发扬。

第三，体现在人文艺术方面。宋代的金华是艺术高地、人文高地。当前，浙江正在开展艺术乡建，致力将宋韵中的审美观点、审美立场、审美情绪及审美价值，运用到乡村振兴、乡村治理中，让艺术赋能乡村，助推共同富裕。

第四，体现在生活审美方面。懂得美会让生活更加美好多彩，世界更加充满希望，人类灵魂更加清澈纯净。

吴远龙指出，要让宋韵文化真正发挥作用，还要做好全面挖掘整理，全面展示展现，做好传承利用，服务当代，获得新生，让文脉绵延不断，薪火相传。

五、策展意义

景俊美：美展美器美文，激活美，传承美

景俊美参观展览后赞叹道，主办方策展很专业、有深度，观众很投入、有收获，大量民众走进国家大剧院，深度感受北京文化，近距离了解金华文化，在业界引起极大反响。

虽然未曾到过金华，但由于长期做戏曲研究，景俊美十分肯定婺剧水平，特别是中国剧协提出“婺剧现象”后，对于婺剧的研究更为深入。她表示，婺剧既有深厚的文化传统，又有当下强劲的发展势头，曾五夺“梅花奖”，在所有地方戏中最具代表性，也是地域文化的重要代表。金华不是一线城市，但极为重视非遗文化，且有能力与北京进行南北对话，值得点赞。

从2001年昆曲列入人类非遗，至今已过去20多年，可起初人们对“非物质文化遗产”很陌生，甚至无法念全整个名词。后来经过各地非遗人不断推动，如今非物质文化遗产已经深入人心，就如本次南北对话，让京韵、宋韵有了更好的弘扬方式和交流载体，通过美展美器美文，激活美、传承美，策展序言的每字每句，都足以打动人心，引起共鸣。她希望这样极具现实意义的展览，未来可以策划更多的系列，链接百姓日常生活，探寻博大精神文化。

在景俊美看来，无用之用，实为大用。美育，非一日之功，是恒久的、长远的，对培育人格、打开眼界、提升思辨能力都有重要意义。比如，带孩子看一次展览，虽为小举动，但可能对其未来产生深刻影响，因为幼小的心灵已埋下美

好的种子。所谓“师者，传道授业解惑也”，最大的惑，即人对天地万物、对他者、对人本身的认知。弘扬非遗，也是解惑和美育的方式之一，相信未来会越来越好。

吴远龙：创造良好生态，绵延婺风遗韵

吴远龙尽管身未至，但心相连。他关注到有9万多人次去现场观看本次展览，5000多万人次在网络浏览，受欢迎程度可想而知。他认为，本次高平台、高层级的合作性展览，对金华有三方面的意义。

第一，创造了非遗传承的良好生态。过去不能回去，但必须经常回望，往后看得多深，决定了往前走得多远。非遗是先人创造的智慧结晶，作为文明文化的重要载体和优秀传统的重要构成，它是一种独特的资源，既要传承下去，更要利用起来。当然，首先得让人们认识它，而这样的展览恰恰为民众认识“婺风遗韵”搭建了高大上的平台，实现了非遗与当下生活的有机链接。

第二，提供了了解金华的机会。在“京韵·婺风”里，更多人看见了如诗如画的江南之城——金华，在共享美丽非遗的过程中，爱上金华，启程到金华旅游打卡。

第三，促进了文化的交流与合作。文化因为交流而融合，因为融合而进步。他希望这样优秀的活动经常举办，年年举办，不断强化品牌效应，让更多人认识中国博大精深的优秀传统文化，爱上饱含文化基因、文化气质的非遗，因为非遗让生活更加美好。

六、小结：非遗气质　美无止境

中国地大物博，美物、美食、美景，美不胜收。而京韵、宋韵的魅力，则折射着非物质文化遗产的美，彰显着城市的文化气质。

立足北京，你可以从京剧、“燕京八绝”、长安街的歌哨中，感受非遗滋

养，你也可以从中轴线、北大红楼、景泰路、天坛银杏树，感知京韵底色。从“四个文化”建设推动北京全国文化中心建设，一定离不开藏在自然地理和人文历史中美美与共的文化自信；首都的发展离不开文化的传承，传承的动能让这座城市走得更稳更深更远。

置身南北非遗展的展厅，我们看见从北京的宫墙红，沿着京杭大运河一路南下，穿越千里江山的灯笼门，望见浙江的山水绿，两座城市因为非遗的牵手缩短了距离，穿越了时空。

主持人李媛媛于策展之憩，在朋友圈写下这样一段话：“为城市搭建展示、传播的平台，让城市被看见，让非遗被看见。观看城市有很多种方式，因食识城，因火腿认识金华；因字识城，因‘婺’认识金华；因遗识城，因非遗认识金华。而构筑一座城市文化气质的正是活态传承至今的非遗，展示传播的意义就在于发现、挖掘和呈现。”

金华——婺州，一个文武双全的美丽之地，城市的自然生态、人文风情，以及金华人果敢坚毅的品质都浓缩在了一个“婺”字上。婺山婺水育婺人，宋韵在金华的留步与存蓄，是一个朝代在一座城市的思想延续，影响着当代与未来。如果你要寻找印记，可以从古子城出发，穿过保宁门，畅游婺江，登上万佛塔，眺望宋韵婺州府，亦可顺道登八咏楼，漫步酒坊巷，再行至山间，觅得清照茶园，品茗闻香尝火腿，总有一处令你心动，总有一味跳动舌尖。一条文旅风情线，千年历史脉络依稀可见，诗和远方走在一起，这是对金华古今的美好巡礼。

图书在版编目（CIP）数据

对话 ： 南北非遗线上走亲实录 / 金华市非遗保护和信息中心编. -- 杭州 ： 西泠印社出版社, 2023.12
ISBN 978-7-5508-4380-6

Ⅰ. ①对… Ⅱ. ①金… Ⅲ. ①非物质文化遗产－研究－中国 Ⅳ. ①G122

中国国家版本馆CIP数据核字(2024)第000527号

对话：南北非遗线上走亲实录

金华市非遗保护和信息中心　编

责任编辑　伍　佳
责任出版　冯斌强
责任校对　曹　卓
装帧设计　蔡　珂
出版发行　西泠印社出版社
（杭州市西湖文化广场32号5楼　邮编310014）
经　　销　全国新华书店
制　　版　温州市北大方印务有限公司
印　　刷　温州市北大方印务有限公司
开　　本　889mm × 1194mm　1/32
印　　张　4.5
字　　数　145千字
书　　号　ISBN 978-7-5508-4380-6
版　　次　2023年12月第1版　第1次印刷
定　　价　80.00元

西泠印社出版社发行部联系方式：（0571）87243079